# viva com
# SABEDORIA

### Uma viagem que parte da raiva com destino à paz e ao perdão

# MIKE GEORGE

*Mestre em consciência espiritual e Consultor de gestão em mais de 30 países*

# viva com
# SABEDORIA

## Uma viagem que parte da raiva com destino à paz e ao perdão

**INTEGRARE**
EDITORA

Título original:
*Don't Get Mad, Get Wise - Why No One*
*Ever Makes You Angry... Ever!*

Copyright da edição original © 2009 Mike George
Copyright da edição brasileira © 2010 Integrare Editora e Livraria Ltda.

**Publisher**
Maurício Machado

**Supervisora editorial**
Luciana M. Tiba

**Coordenação e produção editorial**
Estúdio Sabiá

**Tradução**
Luís Fragoso

**Preparação de texto**
Célia Regina Rodrigues de Lima

**Revisão**
Sílvia Carvalho de Almeida
Valéria Sanalios
Hebe Ester Lucas

**Projeto gráfico de capa e de miolo / Diagramação**
Nobreart Comunicação

Dados Internacionais de Catalogação na Publicação (CIP)
(Câmara Brasileira do Livro, SP, Brasil)

George, Mike
Viva com sabedoria : uma viagem que parte da raiva com destino à paz e
ao perdão / Mike George ; [Luís Fragoso]. -- São Paulo : Integrare Editora, 2010.

Bibliografia.
ISBN 978-85-99362-49-5

1. Agressividade 2. Emoção 3. Paz de espírito
4. Perdão 5. Raiva 6. Vida espiritual I. Título.

| | |
|---|---|
| 10-01763 | CDD-152.47 |

Índices para catálogo sistemático:
1. Ira : Emoção : Psicologia 152.47

Todos os direitos reservados à
INTEGRARE EDITORA E LIVRARIA LTDA.
Rua Tabapuã, 1123, 7º andar, conj. 71-74
CEP 04533-014 – São Paulo – SP – Brasil
Tel. (55) (11) 3562-8590
Visite nosso site: www.integrareeditora.com.br

# Dedicatória

*Àqueles que perdem a capacidade de lidar com as situações, que se irritam e permitem que uma névoa os envolva com frequência.*

*Àqueles que intuitivamente sabem que a paz já está e sempre estará presente em seu coração, mas que não conseguem ter acesso a ela.*

*Àqueles que desejam perdoar, a fim de poder libertar-se do fardo de suas dores.*

Se você tiver quaisquer questões ou comentários relacionados às ideias e *insights* contidos neste livro, contate-me: mike@relax7.com

Para obter mais *insights*, visualizações e saber mais sobre meditação, acesse: www.relax7.com

# Uma universidade espiritual

Faz trinta anos que venho dedicando-me a ajudar na co-ordenação da Organização Brahma Kumaris no Brasil.

Neste tempo todo, acompanhei seu crescimento, não apenas em nosso país, mas na América Latina e no mundo.

De um lado a crescente busca dos indivíduos por respostas e plenitude interior, uma vez que o mundo material oferece conforto e divertimento, mas não paz e felicidade.

De outro lado porque a vida cotidiana está cada vez mais com desafios que nos forçam a desenvolvermos métodos para lidarmos com o crescente estresse, relacionamentos difíceis, crises de todas as cores e tamanhos, desde as pessoais até as econômicas, busca por mais saúde e qualidade de vida.

De forma orgânica e natural, a OBK foi expandindo sua atuação para hoje ter 40 pontos regulares de atividades em nosso país, e sedes na maioria dos países do continente americano, além de 8.000 escolas em 130 países. O segredo de seu sucesso está em grande parte por ter na base da organização, que estruturou-se de forma moderna, utilizando os recursos da tecnologia e precisão em preencher as bases legais de cada sociedade onde atua, a configuração de ser antes de tudo uma família global. A irmandade, camaradagem e intercâmbio regular entre seus membros, encorajados a se conhecerem e se comunicarem através dos boletins, cartas, e mais recentemente usando a internet como veículo de aproximação e amizade, faz com que todos sintam-se indivíduos verdadeiramente sem fronteiras de raça, cultura, gênero, religião.

O estilo de vida que encorajamos os membros a adotarem (meditação diária, alimentação vegetariana e aula regular do conhecimento do Raja Yoga, entre outros), faz com que todos sintam o apoio, a proteção e a referência saudáveis para o desenvolvimento de uma identidade como SER e o fortalecimento de sua autoestima.

Como uma universidade espiritual mundial, a oportunidade de aprender e aprofundar o entendimento dos princípios universais e valores éticos por meio de uma variedade de programas educacionais, cursos e outros recursos de aprendizagem, capacita seus membros a serem melhores cidadãos atuantes em suas comunidades locais.

As escolas são mantidas e coordenadas por pessoas que vivem e trabalham profissionalmente, e oferecem de forma voluntária seu tempo livre e talentos. Embora seja uma entidade de utilidade pública federal, não faz campanha para levantamento de fundos e nem cobra taxas fixas por seus cursos e programas. Os recursos financeiros são obtidos de contribuições voluntárias de pessoas ou empresas que experimentam benefícios pessoais ou de sua equipe com as atividades oferecidas. Exemplo disso, é a iniciativa da Integrare Editora em reverter uma porcentagem das vendas deste livro à OBK.

Como uma família mundial, uma universidade sem fronteiras e uma organização internacional, a OBK vem realizando sua missão de formar pessoas felizes, íntegras e comprometidas em criar um mundo melhor.

Om Shanti (saudações de paz)

**Luciana M. S. Ferraz**
Coordenadora Nacional da Brahma Kumaris
www.bkumaris.org.br

# Sumário

**Mensagem da Brahma Kumaris** ........................................................07
**Introdução** ...............................................................................11
Do ponto de vista espiritual ................................................14
Cartas na mesa ...................................................................18
Reserve um momento para a reflexão ...................................22

Capítulo Um — **Por que a raiva é sempre destrutiva**
*A dor e o problema*

A névoa vermelha ...............................................................23
Não são eles – é você! .........................................................26
A cegueira provocada por crenças fatais ..............................30
As guerras em seu mundo ...................................................37
A resistência é sempre inútil,
pois apenas dá sustentação ao sofrimento ...........................42
A origem do sofrimento .......................................................45
Por que todos choram? ........................................................48
A justiça percorre um caminho próprio .................................54
O equilíbrio das balanças ....................................................58
Não a alimente! ..................................................................61
Quatro caminhos na direção da liberdade, a partir da raiva ....63
A ira dos deuses .................................................................78
Aperte a tecla "pausa" ........................................................85

Capítulo Dois — **Por que a paz é sempre restauradora**
*A rendição diante da solução*

Um modo de abrir os olhos ..................................................87
Escolher a paz ....................................................................90
Por que não sentimos a paz .................................................94
Como saber que a paz já existe em você? .............................97
Cuidado, fique atento .........................................................101
Os sete mitos em relação à paz ...........................................104

Construir a paz ...... 114
O caminho para casa está na meditação ...... 122
Sete modos de pôr em prática a paz interior, diariamente ...... 134
Aperte a tecla "pausa" novamente ...... 149

Capítulo Três – **Por que o perdão sempre cura**
*A sabedoria e o caminho*

O caminho da sabedoria ...... 151
Três verdades essenciais ...... 155
As sete reações diante da ofensa ...... 158
A PRIMEIRA reação à ofensa – A vingança ...... 159
*Você deseja ter sua vingança*
A SEGUNDA reação à ofensa – A punição ...... 163
*Você acha que eles devem ser punidos*
A TERCEIRA reação à ofensa – A "reforma" ...... 168
*Você deseja ajudá-los a mudar suas atitudes*
A QUARTA reação à ofensa – O perdão ...... 172
*Você quer perdoar e esquecer o passado*
A QUINTA reação à ofensa – O esquecimento ...... 179
*Você deseja esquecer que algo aconteceu*
A SEXTA reação à ofensa – Viver o carma ...... 184
*Você deseja assumir a responsabilidade por suas ofensas, reconhecendo que é o momento da retribuição e que está tendo sua retribuição*
A SÉTIMA reação à ofensa – A iluminação ...... 190
*Você deseja enxergar, conhecer e viver a verdade absoluta em relação à ofensa e ao perdão*

**O pedido de desculpas de uma pessoa esclarecida** ...... **199**
**Em resumo** ...... **205**
**Agradecimentos e links** ...... **206**
**Sobre o autor** ...... **207**

# INTRODUÇÃO

Todos nós conhecemos a raiva. Também sabemos como ela destrói a paz interior. E, embora a maioria das pessoas aprecie o conceito de perdão, com frequência isso parece uma coisa difícil de praticar, particularmente quando a origem do sofrimento está tão próxima de nós e é tão pessoal.

Talvez nunca antes na história da humanidade tenha havido tanta raiva, ressentimento e falta de paz no coração e na mente dos homens e mulheres. Estamos saturados de relatos de ira, terror e vingança veiculados pela mídia. As indústrias de entretenimento nos trazem um fluxo contínuo de histórias construídas com insultos, indignação e ressentimento. A raiva é praticamente uma indústria em si mesma. Enquanto isso, bem na porta de nossa casa, há um nível crescente de ruído causado pelos vizinhos, pedreiros e construtoras operando inadequadamente, com um comportamento próprio de vândalos, que mina o tecido social de nossa comunidade. Todas essas são, aparentemente, boas razões para deixar alguém mal-humorado ou mesmo irritado.

Mas esse é o cenário mais amplo, e os cenários amplos não são tão importantes até que o cenário mais limitado esteja bem delineado. O cenário limitado consiste em VOCÊ e nos seus sentimentos. Qual é a intensidade de sua raiva? Você sente raiva em algum momento? Seu humor ferve em silêncio com um discreto ressentimento... só de vez em quando? Seja honesto. Dizer que todos sentem raiva todos os dias soa como uma alegação generalizada difícil de acreditar, pois não há como saber. Porém, suspeito que isso seja verdade. É verdade no seu caso?

Este livro é uma resposta a um chamado, que é tanto consciente quanto inconsciente, para a compreensão e a libertação do sofrimento provocado pela raiva. Ouço esse chamado diariamente, sobretudo no trabalho que desenvolvo, que consiste, na maior parte do tempo, em lecionar, treinar e oferecer apoio a organizações. Em certa medida, não me sinto preparado para dar respostas, pois há muitos especialistas pelo mundo afora. No entanto, sob outros aspectos, não somente me sinto preparado: sinto-me obrigado a escrever este livro, após quase 25 anos estudando a raiva e suas manifestações em mim mesmo e nos outros.

Não completei estudos no âmbito acadêmico, psicológico ou terapêutico, embora tenha tido certo contato com o trabalho de algumas pessoas que o fizeram. E, de fato, compreendo seus pontos de vista e técnicas. O estudo que resultou nesta reflexão em três partes tem uma base espiritual. Ele nasce de uma paixão pessoal pela verdade. Há pelo menos duas décadas e meia tenho tido a sorte de dedicar muito tempo e energia para explorar o que é verdadeiro e o que é falso em relação à raiva e ao perdão.

É dessa intensidade, fruto de todos esses anos, que surge este livro. Com simplicidade fundamental, daquilo que eu chamaria de "ponto de vista espiritual" (ver página 14), procuro manter essas reflexões e *insights* sobre a raiva, a paz e o perdão no nível mais simples e essencial possível. Às vezes, o que é simples parece ser simples demais; o essencial, essencial demais, especialmente se tendemos a buscar muitas explicações sustentadas por detalhes minuciosos. Mas essa tendência frequentemente é um caminho que se desvia da verdade, que é sempre simples, que sempre se volta na direção da essência das coisas. Se isso não acontecer, desconfie! A verdade em relação à raiva, portanto, é bastante simples, e o seu remédio é igualmente muito simples, pelo menos em teoria.

A verdade funciona também como um espelho. Ela reflete e expõe as ilusões e as falsidades que se enraizaram em nosso padrão de pensamento e em nossa personalidade com o passar do tempo. Quando deparamos com essas ilusões, e sentimos nossa própria falta de autenticidade, às vezes somos tomados por uma sensação de mal-estar e desejamos resistir; com frequência, isso chega até a nos irritar. Portanto, mesmo quando estamos em busca de respostas para nosso mal-estar mental e emocional, não queremos ir muito fundo nas causas, pois isso significa que teremos de mudar. Sentimo-nos à vontade com esse mal-estar, felizes com a infelicidade, perversamente contentes com a raiva. Nesse momento, esquecemos o porquê de nossa busca, o motivo de estarmos lendo, que é encontrar sabedoria e soluções para ajudar a nos livrar do mal-estar mental e emocional e recuperar a verdadeira paz no coração.

Espero que, nestas páginas, você encontre aquilo que lhe provoca mal-estar e resistência. Elas serão menos valiosas, se isso não ocorrer. Espero também que o ajudem a perceber que você pode mudar suas crenças e percepções e, consequentemente, suas atitudes e comportamentos em particular, sua vida de modo geral. O paradoxo que está no cerne das filosofias de autoajuda, de sabedoria espiritual e das assim chamadas filosofias de transformação da vida é que, quando você de fato encontra aquilo que é verdadeiro, está apenas relembrando o que já conhece. Pode parecer que o livro, o seminário ou o guru estão lhe dando todas as respostas, mas não é verdade. Foi você quem as encontrou. Já sabia de tudo, mas simplesmente tinha esquecido. Este livro serve apenas para relembrá-lo.

Por fim, se você aprecia um pouquinho de raiva, provavelmente não gostará do livro. Se usa a raiva para motivar os outros, possivelmente o desprezará. E, se for o tipo de pessoa que está sempre julgando e criticando os outros, talvez jogue este livro contra a parede com repugnância quando perceber que está desperdiçando seu tempo e energia. Isso, de algum modo, inclui cada um de nós, imagino!

Como sempre, coloco-me à disposição, caso você deseje enviar quaisquer comentários ou perguntas, no endereço mike@relax7.com.

## Do ponto de vista espiritual

Cada situação ou acontecimento pode ser visto de ângulos diferentes. Cada pessoa tem uma perspectiva dos mesmos acontecimentos e circunstâncias. A percepção é algo pessoal. O modo como você percebe e interpreta o mundo é influenciado pelas crenças que assimilou, pelas experiências que teve e, sobretudo, por seu senso de identidade. O mesmo ocorre quando visualiza aquilo que aparentemente acontece dentro de você. Algumas pessoas tentam explicar os padrões de pensamento, os sentimentos e as emoções de um ponto de vista puramente psicológico, no qual a psique muitas vezes consiste apenas em um aspecto da química do cérebro, uma função do corpo físico. Prefiro, porém, enxergar e perceber de uma perspectiva mais profunda.

Prefiro ir além da psique e do aspecto psicológico, a fim de perceber e compreender o que ocorre internamente conosco – crenças, pensamentos e emoções – do ponto de vista espiritual. Isso significa que procuro enxergar através da compreensão de que o espírito e a alma são o que você é, o que eu sou. Ou seja, não somos o corpo que ocupamos e ao qual damos vida. Certamente não somos o nosso cérebro; ele é, nas palavras do anjo de Robin Williams no filme *Amor além da vida*, apenas "um pedaço de carne"! Eu sou e você é a energia não física, autoconsciente, indestrutível e invisível situada dentro do corpo, logo acima dos olhos e por trás deles. A consciência da alma, do *self* e do espírito é, basicamente, sinônimo de "eu" e de "você"! Ela é o "eu" que diz EU SOU. Enquanto o corpo entra em decadência e se decompõe, o mesmo não ocorre com a alma e com o *self*.

Embora nada disso possa ser provado cientificamente, essa percepção do verdadeiro *self* pode provocar muitas mudanças reais e profundas na sua autocompreensão. Talvez as duas mais relevantes, à medida que iniciamos nossa viagem ao tema raiva, sejam: 1) você é totalmente responsável por tudo o que pensa, sente e faz, em todos os momentos e em todas as situações; 2) você não pode morrer. Ambas representam *insights* radicais em um mundo que nos ensina a acreditar no oposto disso. Ambas têm o poder de mudar sua vida, uma vez percebidas e incorporadas.

Caso isso não esteja em consonância com o seu atual sistema de crenças, peço-lhe que releve suas crenças no tempo em que estiver lendo este livro. Para mim, enxergar e compreender a raiva do ponto de vista espiritual e entender o conceito de perdão com uma "consciência espiritual" são os únicos modos de revelar a verdade absoluta sobre a raiva e o perdão.

Não estou escrevendo para convencê-lo de alguma coisa, para provar ou apresentar argumentos. Basicamente, escrevo para estabelecer, da maneira mais clara e simples possível, a verdade do modo como "a vejo agora" e, durante esse processo, oferecer-lhe alguns *insights* que talvez possam ter valor em seu dia a dia. Por favor, não siga estritamente as palavras que digo! Use as palavras, ideias, reflexões e *insights* como sinalizadores que podem direcioná-lo a buscar seu próprio *self*, de modo que possa ver por si mesmo e perceber aquilo que é verdadeiro para você. Isso demandará certo tipo de prática reflexiva ou meditativa, que descreverei no capítulo 2. Caso não tenha o mínimo conhecimento de algo "espiritual", prepare-se para abrir seu "olho espiritual". Se estiver exatamente no outro extremo do espectro e se considera bastante espiritualizado, prepare-se para recalibrar o olho e alterar o foco!

Muitos acreditam que não são apenas seres espirituais, mas a própria divindade, que Deus é onipresente e que, portanto, está "dentro deles". Se parar um instante para refletir, talvez perceba que, se você fosse um ser em estado divino (semelhante a Deus) neste momento, ou se Deus estivesse presente em você neste momento (a onipresença), você não ignoraria nada, jamais buscaria coisa alguma, nunca se impressionaria com nada ou com ninguém, nunca teria anseios nem sentiria aversão por ninguém ou por nada, e a raiva seria uma impossibilidade quase risível. E certamente você não estaria lendo este livro!

Passei a suspeitar que, quando acreditamos que Deus está em toda parte, em tudo e em todos, ou que tudo e todos estão em Deus, é um sinal de "espiritualidade preguiçosa". Isso oferece um pretexto conveniente para que não nos esforcemos para criar um relacionamento direto, dinâmico e muito pessoal com Deus. Se acreditamos que Deus está dentro de nós e que Ele sente raiva, é mais fácil usar isso para justificar nossa própria raiva, o que pode suprimir a humildade de que necessitamos para ser um discípulo da verdade e retardar o despertar da verdadeira consciência de quem somos como seres individuais e únicos. Portanto, mais do que nunca, temos não apenas de saber quem somos, mas aprender a "ser a pessoa que somos" se desejarmos transformar emoções como a raiva, das quais nos tornamos facilmente dependentes.

Em minha modesta opinião, enxergar qualquer coisa do ponto de vista espiritual só será possível quando você corrigir o "grande erro" e perceber o *self* como espírito, e não como forma, quando se der conta de que aquilo que vê no espelho não é você, quando descobrir que o mundo material fora de você não pode ser possuído, controlado nem jamais fazê-lo – como ser espiritual – uma pessoa feliz.

"Espiritual" é uma palavra cada vez mais associada a muitos significados distintos, muitas percepções variadas, dependendo das crenças e das experiências de cada um, assim como a palavra "amor" é um termo que vem sendo usado em excesso e equivocadamente. Se você deseja explorar mais a fundo o sentido dessa palavra, visite o endereço: www.SpiritualIntelligenceUnit.com.

Farei eventuais referências ao ponto de vista espiritual no decorrer de todo o livro. Espero, portanto, que elas possam esclarecer o que quero dizer quando houver menção a esse ponto de vista. Se isso não acontecer, por favor, envie suas perguntas por e-mail. É importante.

## Cartas na mesa

À medida que você percorrer as três seções principais do livro, perceberá que não recorro a autoridades acadêmicas nem a especialistas terapêuticos contemporâneos. Procuro evitar também as autoridades mais antigas das diversas religiões e os escritos filosóficos. Procedo assim porque reconheço você como a única autoridade em sua própria vida. A dependência de crenças alheias, por mais atraentes que sejam, faz de você um preguiçoso. Você é capaz de compreender e de transformar totalmente a raiva que sente, redescobrir o poder de sua própria paz e perceber por si mesmo o verdadeiro caminho do perdão.

Não há técnicas nem ferramentas que possam substituir o poder de percepção para transformar o *self* essencial e libertá-lo das ilusões e confusões que o mantêm preso a velhos modelos e hábitos marcados por um sofrimento criado por você mesmo. Todos nós sofremos emocionalmente, embora talvez não tenhamos consciência disso, ou tenhamos, talvez, reclassificado nosso sofrimento como algo "necessário", ou mesmo "bom", como muitos fazem!

Certamente será útil a prática de técnicas de respiração, exercícios de relaxamento e mesmo de técnicas mais recentemente divulgadas de liberdade emocional, que envolvem o toque nos meridianos ao longo do corpo. Todas trazem alívio aos sintomas de mal-estar emocional, mas nenhuma delas é capaz de oferecer uma cura duradoura. Isso requer um processo que consiste em enxergar, sentir, conhecer e ser a verdade, em ser o seu verdadeiro *self*. Esse processo exige tempo, uma introspecção frequente e a prática paciente da meditação, que é menos uma técnica do que um aprofundamento da autoconsciência.

**O capítulo 1** apresenta aquilo que entendo como as verdadeiras causas e consequências da raiva.

Talvez seja melhor abrir o jogo desde o início. A meu ver, a raiva mata, ponto final. Se ela não destrói seu corpo, destrói sua capacidade de ser criativo. E ser criativo é, em si, o objetivo da vida. A raiva nunca é saudável, nunca é positiva e nunca se justifica. Muitos livros, seminários, filósofos e os assim chamados especialistas em personalidade humana argumentam que a raiva é uma reação natural, biológica e psicológica que é claramente adequada à sobrevivência humana e à evolução das espécies. Embora eu aceite isso como ponto de vista, ainda que entenda o motivo de certas pessoas alimentarem essa crença, não concordo com ela. Do ponto de vista espiritual, ou seja, com base no que é absolutamente verdadeiro, a raiva jamais pode ser saudável, natural ou útil. Eu costumava sentir muita raiva.

Demonstrava esse sentimento e vibrava com a raiva das outras pessoas. Mas, depois de algum tempo, percebi que isso era exaustivo e contraproducente. Percebi que a raiva impossibilita uma vida de paz, feliz e satisfatória. Ela destrói completamente a capacidade de criar relacionamentos significativos, assim como um trabalho bom e consistente. Se você crê que a raiva é necessária, peço-lhe apenas que pare, reflita profundamente e veja se consegue enxergar o enorme obstáculo que ela representa para sua felicidade e realização e como influencia a felicidade e a realização alheias. Mantenha a mente aberta. Avise-me, caso eu não esteja sendo claro.

**O capítulo 2** consiste numa exploração da natureza da paz e da paz enquanto natureza humana.

Assim como para o veneno da picada de cobra existe um antídoto, para o veneno da raiva também há um antídoto, que é uma combinação de verdade e de paz. Essas são as duas coisas, as duas condições internas que jamais o abandonarão. Ambas vivem eternamente dentro de nós. Você já conhece a verdade sobre a raiva e pode invocar a paz interior no momento em que desejar. Você simplesmente perde a consciência daquilo que é verdadeiro e esquece a prática da calma. A raiva é um sinal de que você perdeu a consciência de "quem é" verdadeiramente, e isso bloqueia o acesso à paz em seu coração. Não falo do coração físico, mas do coração espiritual. A paz também está associada ao amor, e você deve ter percebido que é impossível sentir amor e raiva ao mesmo tempo. Na verdade, é o amor que cura o coração espiritual que você mesmo feriu, com hábitos motivados pela raiva ao longo do tempo. Enquanto insistirmos em buscar o amor e a paz no coração das outras pessoas, não perceberemos que já possuímos aquilo que buscamos em nosso próprio coração. Para curar as cicatrizes da raiva, que podem variar de uma ira violenta até um ressentimento em ebulição, é essencial redescobrir quem você é realmente e a paz que representa.

**O capítulo 3** concentra o foco no perdão e nas outras reações comuns a qualquer sensação de ofensa pessoal.

Você precisará estar preparado e com a mente muito aberta para isso, pois, no final, descobrirá a verdade mais profunda no que diz respeito à raiva: por que ninguém nunca tem o poder de provocar esse sentimento em você e por que parece que jamais sentiu raiva! A maior parte das culturas reconhece o perdão como uma boa prática. Muitas religiões a estimulam. Mas a grande verdade sobre o perdão é que você nunca precisa praticá-lo, pois jamais sofreu nenhuma ofensa. É uma ilusão acreditar que foi ofendido. No entanto, paradoxalmente, para se libertar da ilusão de que foi ofendido por outras pessoas e se dar conta de que isso não ocorreu, é preciso praticar o perdão. Para poder perdoar e libertar-se de todo o sofrimento, terá de compreender e aceitar a completa inutilidade da raiva em si mesma e reconhecer a irrelevância da "reação de perdão" que você tem tido diante daqueles que – de acordo com sua crença equivocada – provocaram raiva em você.

## Reserve um momento para a reflexão

Antes de iniciar a leitura deste livro, reserve um momento para refletir sobre sua atual consciência em relação aos principais assuntos nele contidos (raiva/paz/perdão). A reflexão o ajudará a reconhecer, compreender e aplicar de maneira mais fácil e eficaz os *insights* que descobrir aqui.

1. O que significa a raiva para você?

2. Como descreveria a forma mais comum de raiva que já sentiu?

3. O que mais frequentemente lhe provoca raiva?

4. A raiva tem alguma utilidade? Em caso afirmativo, de que modo pode usá-la?

5. O que significa a paz para você?

6. Em que momentos tem maior sensação de paz?

7. De que modo pode criar paz em sua vida?

8. Por que acha que a experiência de ter paz interior está tão fora do alcance de tantas pessoas?

9. O que significa o perdão?

10. Em sua opinião, por que é tão difícil perdoar?

Capítulo Um

# POR QUE A RAIVA É SEMPRE DESTRUTIVA

## A dor e o problema

### A névoa vermelha

Estamos no terceiro *game* na categoria simples masculina, no torneio anual de tênis de Wimbledon. Greg Rusedski está um *set* à frente e caminha para uma vitória fácil. Em um momento crucial, no meio do segundo *set*, um dos espectadores grita "fora", fazendo referência a uma bola lançada. O árbitro, julgando que o grito havia sido do juiz de linha, aceita o "fora", o que deixa Rusedski furioso. O tenista número 2 da Grã-Bretanha perde o ponto e a habilidade de lidar com a situação. Paira sobre ele uma névoa vermelha e ouve-se uma série de xingamentos dirigidos ao árbitro. Ele quebra a raquete, entra em colapso e perde o jogo. Na entrevista, após a partida, admite com sinceridade que não venceu o jogo por causa da sua raiva, que causou a derrota. Este é um exemplo clássico de como a raiva, algumas vezes, essa "emoção incendiária", destrói a concentração e o desempenho. No entanto, quando a mesmíssima coisa acontece com os Federes e os Agassis deste mundo, eles praticamente não se incomodam e continuam jogando. O tênis é uma excelente metáfora da vida. Ambos são um jogo e apresentam acontecimentos altamente imprevisíveis aos quais temos de reagir, e ambos são muito divertidos, até o momento em que os participantes cerram os dentes, arregalam os olhos e seu rosto enrubesce.

Numa ponta do espectro da raiva estão aqueles que logo ficam irados ao ver ou simplesmente ouvir falar de qualquer uma das centenas de aparentes injustiças do mundo. Em algum ponto, no meio do espectro, estão os que normalmente permanecem calmos diante das "grandes coisas" que ocorrem muito longe, no mundo, mas se irritam com as "pequenas coisas" presentes nos relacionamentos e nos eventos mais próximos de sua casa. Na outra ponta do espectro, há alguns que chamam a si mesmos de iluminados e para quem a raiva não existe mais, em nenhum aspecto ou forma. Eles dizem que a raiva não tem nenhuma função e é contraproducente. Existem também os ativistas enraivecidos que afirmam que o mundo não se tornará melhor se as pessoas não se indignarem com a situação atual das coisas. Quem está certo, afinal? A raiva tem algum papel na criação de um mundo melhor? Ela pode ser saudável em algum momento? Pode ser justificada em alguma situação? O que é a raiva? Por que ela surge? Que efeitos provoca?

Inúmeros estudos revelam que a raiva produz um efeito totalmente prejudicial ao bem-estar físico. Um deles, apresentado numa conferência recente sobre o perdão e a paz nos Estados Unidos, demonstrou que o abandono da raiva alimentada por um sentimento de rancor traz alívio e redução da dor crônica nas costas. Outro estudo constatou que as mulheres que lutam contra o consumo abusivo de drogas foram capazes de reduzir a frequência de suas recaídas por meio da prática do perdão. Uma pesquisa da Universidade de Standford sobre o perdão revelou que é impossível ser feliz e saudável se ao mesmo tempo alimentarmos o sentimento de amargura e raiva em relação ao modo injusto como fomos tratados, por exemplo.

Aparentemente, temos sido condicionados a enxergar qualquer evento desencadeador de tensão, seja a sirene de um carro de polícia, seja um conflito com um parceiro ou colega, como uma crise. Nesses momentos, o corpo produz e libera os hormônios do estresse, a adrenalina e o cortisol. O coração acelera, a respiração fica alterada e a mente, bastante agitada. A liberação de açúcar que acompanha essa reação causa a aceleração dos músculos e os fatores de coagulação do sangue ficam mais ativos. Tudo isso é inofensivo se a tensão ou o medo forem breves e infrequentes, como no caso de um quase acidente ao volante, mas os distúrbios emocionais causados pela raiva e pelo ressentimento são como acidentes que não terminam, e os hormônios transformam-se em toxinas. O efeito depressivo do cortisol sobre o sistema imunológico tem sido associado a sérias doenças e distúrbios. Segundo o professor Stafford Lightman, da Universidade de Bristol, "o cortisol enfraquece o cérebro, levando à atrofia das células e à perda de memória. Também eleva a pressão sanguínea e a quantidade de açúcar no sangue, enrijecendo as artérias e causando doenças cardíacas". A raiva não tem uma publicidade favorável no ambiente médico.

## Você deve estar brincando!

*Sim, é verdade; um dos maiores jogadores de tênis, John McEnroe, alimentou a raiva durante a maior parte de sua carreira. Ele parecia ser capaz de transformar a raiva em um desempenho eficaz. Três fatores são dignos de ser considerados, aqui. Um deles é o modo como suas explosões de raiva pareciam clarões e a rapidez com que ele era capaz de "ligar" e "desligar" tais clarões de forma que não afetassem sua concentração... excessivamente. O segundo é que seu talento natural era abundante, e aquilo que parecia ser uma reserva ilimitada de determinação sobrepujava facilmente a perda de controle emocional. Em terceiro lugar, quantos troféus e torneios adicionais ele teria conquistado se seu talento natural não tivesse sido sabotado pelas explosões de raiva?*

## Não são eles – é você!

Pare um momento para refletir sobre a última vez em que sentiu raiva de alguém. Talvez seja difícil perceber que sua raiva nunca é criada por ninguém além de você mesmo.

Embora "pareça" que as atitudes da outra pessoa são responsáveis pelo seu estado emocional, trata-se simplesmente, na verdade, da sua "reação" à pessoa ou ao acontecimento. Você apenas se esquece de que tem a opção de escolher e que não precisa reagir com raiva. Essa escolha é facilmente obscurecida pela raiva, que parece crescer naturalmente em você. Talvez acredite que ela é instintiva, portanto algo saudável, e que nada deve ser feito quanto a isso. Eis por que tantas pessoas defendem a própria raiva e se irritam facilmente quando alguém tem uma opinião diferente!

Em geral, sentir raiva revela que você está no piloto automático, permitindo que os hábitos subconscientes de crenças e de percepção deem forma a pensamentos e atitudes quase conscientes. A própria ação mental de criar a raiva torna-se um hábito. Ela também revela uma preguiça mental e emocional, e quando isso ocorre você demonstra ter menos inteligência do que um robô. É impossível pensar claramente e tomar decisões acertadas quando se sente raiva. Para libertar o *self* do hábito de envolver-se com a raiva, você deve dar três passos significativos:

- compreender por que a raiva é extremamente nociva;
- aceitar a responsabilidade por sua raiva, seja qual for a forma que ela tomar, em todos os momentos e situações;
- estar preparado para expor, contestar e mudar suas crenças e percepções, pois são elas que estão criando o sofrimento emocional.

A raiva não é, de modo nenhum, algo errado ou sem nexo; ela simplesmente tem raízes estabelecidas em um conjunto de crenças falsas e surge em meio a modelos habituais e assimilados de comportamento. No entanto, é extremamente nociva. Se você começar a crer nos conceitos de "errado" e "ruim", provavelmente passará a conter ou reprimir a raiva, e no fim das contas sua saúde física se deteriorará e talvez um dia alguém seja objeto de uma explosão vulcânica. A raiva é simplesmente um sinal de que você, e não o objeto de sua raiva, cometeu um erro. Para enxergar o erro, você deve elevar o nível de autoconsciência. O objetivo deste livro é ajudá-lo a enxergar aquilo que ainda não conseguiu ver, uma crença ou percepção que o está conduzindo a um caminho errado. E então abandoná-lo. À medida que expandir a autoconsciência, também notará que sua raiva surge num momento de irritação em relação a uma pessoa ou situação. Se prestar atenção nessa irritação, reprisando o acontecimento em sua mente, o que equivale a regar uma planta, ela crescerá até transformar-se em frustração. E, se você regar a frustração, ela se transformará em raiva, que, por sua vez, se transformará em ira.

A raiva é um processo aprendido; portanto, pode ser desaprendida. Isso significa: não a reprima, não a sufoque, não a expresse. A única coisa que resta disso tudo é a transformação. A transformação da raiva requer a compreensão das causas que originam seu sofrimento emocional. Quando você enxerga a causa, tem duas opções: a) parar de produzir esse sentimento; ou b) continuar a criá-lo. Infelizmente, embora muitos consigam enxergar as razões pelas quais criam a raiva e reconheçam a responsabilidade por essa criação, continuam a fazê-lo. Encontram maneiras de justificar a raiva. São "dependentes" dela. São "raiventos".

Você está pronto para enxergar a causa inicial? Deseja fazer novas escolhas? Chegou o momento de romper com a dependência emocional? Sim? Então, continue a ler. Não? Você pode, então, repassar este livro adiante, agora mesmo!

## Quando a mudança equivale à escolha

*Em um mundo no qual a educação que recebemos tem o objetivo de nos preparar para a sociedade de "produção e consumo", aprendemos a fazer escolhas no supermercado e nos folhetos de viagens de férias. Infelizmente, não recebemos nenhuma instrução sobre como escolher e mudar nossas crenças e sentimentos. Ninguém nos mostra como os pensamentos e sentimentos estão enraizados nessas crenças nem o fato de que existem escolhas mais iluminadas que podem transformar nossa vida e, portanto, nosso destino. A consciência leva a uma visão mais clara, que conduz à compreensão, que por sua vez leva à expansão das escolhas. E isso conduz à oportunidade de mudar, criada pelo próprio indivíduo.*

## A cegueira provocada por crenças fatais

A irritação, a frustração e a raiva declarada não são criações prazerosas, mas momentos de dor e de sofrimento, em nível mental e emocional. Estamos, na verdade, impondo essa dor a nós mesmos (já que somos sempre os criadores de nossas próprias emoções), o que poderia ser comparado com o ato de se esfaquear. Você gostaria de causar sofrimento a si mesmo? A maioria de nós não, mas não percebemos o que fazemos. Então, por que o fazemos? Por que VOCÊ faz isso? Existem sete crenças fatais que tendemos a assimilar (aprender) e usar para justificar e manter a raiva. Dê a cada crença uma pontuação de 1 a 10, à medida que se aplicarem ao seu caso. O número 1 é baixo (não, nunca acreditei nisso), o 10 é alto (sim, sempre acreditei nisso). Lembre-se de que a maior parte de suas crenças se encontra agora no plano subconsciente; portanto, talvez você precise de alguns instantes de reflexão para diminuir a distância entre o nível consciente e o subconsciente e poder ver aquilo em que realmente acredita. De um momento para outro, de um dia para outro, suas crenças lhe são reveladas por aquilo que você ouve em seus pensamentos e em suas falas.

Lembre-se: a crença não é a verdade. Quando você conhece a verdade, não tem mais necessidade de crer em coisa nenhuma, pois você a conhece! Em cada um dos casos, identifiquei a verdade, que você já conhece, mas simplesmente se esqueceu dela, ou ainda não a percebeu. Reflita um instante sobre cada uma das verdades e dê espaço para que elas despertem novamente em sua consciência. Em breve, elas lhe darão o poder de mudar.

### *Crença fatal UM*
## Não sou eu. São eles!

Basta apenas um minuto para perceber que os outros não são responsáveis pelos seus pensamentos e sentimentos. O tempo todo e em toda parte, você e somente você é o criador de seus pensamentos e sentimentos. Acreditar no contrário significa projetar a ilusão de que os outros são responsáveis pelo que você pensa e sente e viver uma vida de sofrimento, em que a culpa é continuamente atribuída às demais pessoas.

**Verdade:** você, e somente você, é 100% responsável pelo que pensa e sente, em todos os momentos.

**Dica transformadora:** pare de assistir às novelas ou a qualquer seriado que tenha um roteiro. Se for vê-los, repare como os personagens tentam manipular as emoções uns dos outros e como cada episódio procura manipular seu estado emocional. Note como é fácil cair na ilusão de que as outras pessoas o fazem se sentir do modo como se sente.

### *Crença fatal DOIS*
## Sentir raiva é minha única alternativa

Você acredita que não tem escolha em relação aos seus pensamentos e sentimentos. Ninguém jamais lhe ensinou como compreender, controlar e escolher o que sente, particularmente quando ocorre algo de que não gosta. "Mas o que você esperava?", você diz, com indignação. "É claro que vou sentir raiva se você fizer isso!".

**Verdade:** a escolha tem início com suas crenças e percepções. A autotransformação começa com a expansão da consciência em relação às crenças que o limitam!

**Dica transformadora:** aprenda um método para expandir a auto-consciência, tal como a meditação ou o questionamento reflexivo. Você passará a enxergar suas escolhas muito mais claramente.

### *Crença fatal TRÊS*
## Sentir raiva é bastante normal

Depois de muitos anos reforçando modelos de comportamento aprendidos e baseados na raiva, você se encontra numa zona de conforto. Sente-se bem com seu mal-estar emocional, o qual defende e justifica, dizendo acreditar que esse comportamento é "normal". Talvez até pense: "Todas as outras pessoas também são assim, então deve ser o certo".

**Verdade:** a raiva é um sentimento absolutamente anormal para um ser humano sadio. Como veremos mais adiante, qualquer momento de raiva significa que você está temporariamente insano.

**Dica transformadora:** tente sentir raiva ao receber uma boa notícia e perceberá a tolice desse sentimento. Na verdade, você começará a rir.

### *Crença fatal QUATRO*
# Ela me dá energia

Quando você sente raiva, pode parecer que isso lhe ocasiona uma onda de energia. É uma total ilusão pensar que se trata de energia positiva. Isso é somente uma explosão emocional em sua consciência que se espalha pelo corpo e o leva a agir. Essa onda de energia eleva temporariamente a atenção e o estado de alerta. O corpo fica tenso e os fusíveis internos, prestes a explodir. O resultado de um acesso de raiva é a exaustão mental e emocional. A raiva, na verdade, suga a energia. Da mesma maneira que um aumento súbito no consumo de energia na rede nacional de distribuição, as fontes de energia são sugadas. Assim como a água que desaparece ralo abaixo, numa banheira, a raiva suga sua energia. No entanto, é da dose de adrenalina no corpo que você se torna dependente. A adrenalina é um estimulante físico, e às vezes você talvez se surpreenda dizendo: "Só fiz aquilo para sentir emoção!". Isso também reforça a crença de que um pouquinho de raiva faz bem.

**Verdade:** a raiva suga a energia, e, com o tempo, isso resultará em esgotamento.

**Dica transformadora:** cada vez que você sentir raiva, visualize um barco a vela branco em um mar tranquilo e uma brisa suave e refrescante tocando seu rosto.

## *Crença fatal CINCO*
## Sentir raiva é uma reação natural

Para poder fechar a fábrica em que a raiva é produzida, você precisaria desintoxicar seus sistemas emocional e físico e mudar os hábitos de uma vida inteira. Isso soa como uma tarefa árdua; portanto, a quinta crença, que você aprendeu de bom grado, é que a raiva é uma reação "natural", uma reação saudável ao comportamento dos outros. Você não imagina o perigo que isso representa para a saúde pessoal e o bem-estar. Acreditar que a raiva é natural é também uma maneira de evitar o risco de ser rotulado como "antinatural", se em algum momento você optar pela mudança. Somos coniventes com a ilusão de que a raiva é uma coisa boa, o que evita o trabalho interior de ter de mudar um hábito enraizado. Isso também é conhecido como preguiça emocional. A indústria de entretenimento nos acompanha de perto nesse sentido! Grande parte do drama ficcional é concebida para induzir a raiva sob diferentes formas, a fim de manter nossa atenção. Até mesmo as formas dramáticas não ficcionais, como o noticiário, são embaladas e representadas de maneira sensacionalista, sutilmente concebidas com a finalidade de provocar um ultraje moral.

**Verdade:** a raiva é um sinal claro de que você está contrariando sua natureza, que é pacífica e amorosa.

**Dica transformadora:** assista ao noticiário com o volume no zero e tente permanecer em paz e mostrar benevolência em relação àquilo e às pessoas que você está vendo, não importa o que elas aparentemente tenham feito.

### *Crença fatal SEIS*
## Tenho de usar a raiva para motivar os outros

Em geral, essa é a queixa de muitos gerenciadores modernos, quando buscam rápidos atalhos motivacionais. Usam a raiva para demonstrar descontentamento, pois sabem que isso motivará alguém a agir de maneira diferente. Na verdade, porém, essa nunca é uma boa ideia. As outras pessoas logo passarão a alimentar ressentimentos e, no final, se desinteressarão ou simplesmente tentarão evitar qualquer tipo de contato. A confiança e o respeito, que são a base de qualquer relacionamento, sobretudo no ambiente de trabalho, nunca são construídos por meio da raiva. A longo prazo, explosões de raiva apenas demonstram ausência de autocontrole, de autorrespeito e preguiça nos relacionamentos, elementos que sabotam quaisquer qualidades de liderança.

**Verdade:** a raiva destrói a motivação interna e tende a influenciar a motivação das outras pessoas de um modo desfavorável.

**Dica transformadora:** pratique conscientemente a aceitação dos outros e o respeito por eles, independentemente do que fazem (as pessoas não são o que fazem).

### *Crença fatal SETE*
## Se quiser sobreviver, é necessário "rosnar"

Essa é a crença por trás da maioria das guerras, e milhões de pessoas sofrem em consequência disso. Quando acreditamos que a raiva é essencial para a assertividade, passamos a enxergar sinais de total confusão e a extinção da civilização. A raiva é o contrário da assertividade. Ao "rosnar", você está matando, acima de tudo, a si mesmo; e as pessoas que estão do outro lado reagirão da mesma maneira ou fugirão de você.

**Verdade:** A raiva enfraquece e faz diminuir a força mental necessária para enfrentar situações difíceis e eventos imprevistos. O ato de "rosnar" mata de dentro para fora quem o pratica, e de fora para dentro a pessoa que é alvo dessa prática.

**Dica transformadora:** para construir uma paz verdadeira e duradoura com os outros, devemos nos libertar da raiva.

A maioria das pessoas alimenta as sete crenças mencionadas; mas, se apenas uma delas fizer parte de seu sistema de crenças, você não verá motivo algum para deter a raiva e continuará sem encarar a realidade de que está prejudicando a si mesmo, acima de tudo. A cada ano, dezenas de milhares de jovens recebem tratamento hospitalar por danos físicos provocados por eles próprios. Mal nos damos conta de que o "dano emocional autoprovocado" está presente todos os dias na vida de milhões de pessoas. Isso se chama raiva, e seus efeitos podem ser constatados em quase todas as áreas da medicina. Simplesmente não fazemos associação entre a doença mental mais comum e as inúmeras doenças físicas que ela desencadeia e sustenta. Toda vez que você é dominado pela raiva, causa danos emocionais a si mesmo.

## Um pouco de raiva no Japão!

*Durante certo tempo, terapeutas acreditaram que não há problema em sentir raiva – na verdade, muitos terapeutas ainda creem que é bom sentir raiva de vez em quando. Há cerca de 15 anos, foi revelado no Japão que cerca de 10 mil executivos morriam a cada ano devido ao excesso de trabalho (Karoshi), e isso foi devido à raiva excessiva, embora fosse reprimida. Então, criaram "salões de raiva" no subsolo de edifícios comerciais, forrados por paredes com proteção e munidos de um taco de beisebol. Disseram aos executivos que, se eles percebessem que um sentimento de raiva estava por vir, deveriam ir para o salão e golpear as paredes com o taco com toda a força possível, a fim de livrar-se dela. Dois anos depois, divulgaram os resultados. A quantidade de raiva crescera. Por quê? Depois de muito pensar, concluíram que as pessoas que frequentavam o salão regularmente praticavam o sentimento de raiva e simplesmente reforçavam esse hábito. A mensagem – não a reprima nem a expresse – é transformadora.*

## As guerras em seu mundo

Por que, então, você sente raiva? É somente quando cultiva a autoconsciência por meio da reflexão que consegue perceber onde e quando cria a própria raiva. Ela começa toda vez com uma perturbação na consciência e sempre ocorre porque o mundo ao redor não está dançando conforme a sua música.

A cada vez que você sente raiva, tem uma imagem em mente de como as coisas devem ser, como as pessoas devem se comportar, como os eventos devem se desenrolar, e a realidade externa não corresponde à imagem em sua mente. A raiva surge quando você não se mostra flexível o bastante internamente para aceitar que a realidade externa sempre será diferente de suas pré-concepções, expectativas e desejos. Na verdade, essa raiva é um sinal de que você está tentando – sem sucesso – controlar as outras pessoas e os acontecimentos. Ainda não percebeu que isso não é possível. O mundo não foi concebido para bailar de acordo com a sua música. É por isso que se faz referência à raiva como um momento de insanidade. Por quê? Por três motivos. Você está fora de controle – é controlado pela emoção. Está agindo de maneira totalmente irracional, dado que a emoção destrói a capacidade de pensar de modo sensato. E está tentando (sem sucesso, é claro) fazer o impossível, que é mudar aquilo que não pode ser mudado – o passado e as outras pessoas.

"Considerando que a guerra nasce na mente dos homens...": este é um *insight* tirado da Constituição da Unesco amplamente aceito e citado com frequência. Não é a arma que mata, a emoção é que puxa o gatilho. A raiva é a responsável pela morte. A cada vez que sentir irritação, frustração ou raiva se aproximando, fique atento: perceberá que está travando uma guerra em uma dessas três frentes: contra o passado, contra alguém ou contra si mesmo.

Você está **em guerra contra o passado** porque a raiva é sempre direcionada a algo que já aconteceu, e sua reação emocional indica que você está tentando mudar isso – o que é impossível. Para o resto do mundo, parece que você acredita que pode fazê-lo. Isso porque alimenta essa crença, no plano subconsciente. Em algum lugar e algum momento do passado, aprendeu e assimilou a crença de que todas as outras pessoas devem fazer exatamente aquilo que você deseja que elas façam ou o que acha que devem fazer.

Você está **em guerra contra alguém** porque essa pessoa fez algo que você julga errado, e a raiva que você sente é uma tentativa de mudá-la ou de se vingar. Talvez você ainda não tenha percebido que é impossível controlar os outros e fazê-los mudar. O hábito da raiva é tão enraizado que essa verdade, que no final se tornará evidente por si mesma, ainda não destruiu a raiz da ilusão de que a raiva é uma coisa boa. Nem mesmo os piores ditadores conseguem controlar os outros. As pessoas tomam suas decisões e controlam suas ações, sempre. Elas certamente podem ser influenciadas, mas não controladas. Os 27 anos que Nelson Mandela passou no exílio nos lembram que, embora tivessem controle sobre a localização espacial de seu corpo, nada podiam fazer com seu estado de espírito. Daí a habilidade de Mandela de sair imune de uma experiência como essa, sem o menor indício de desejo de vingança no coração ou no olhar. Note como esse único atributo, essa capacidade de perdoar, praticamente o qualificou para ser um verdadeiro líder mundial. É como se reconhecêssemos intuitivamente que o indivíduo que se libertou de toda a raiva e eliminou qualquer desejo de vingança conquistou nosso respeito e profunda admiração, ao mesmo tempo que lhe conferimos a distinção de grandeza.

Você está **em guerra contra si mesmo** porque não consegue fazer com que o mundo dance conforme a sua música ou acredita que decepcionou a si próprio. Já lhe aconteceu de ficar esperando uma refeição em um restaurante e descobrir, quarenta minutos depois, que seu pedido foi esquecido ou perdido? Você fica com raiva, mas de quem? Provavelmente, e em primeiro lugar, do garçom, mas logo em seguida de você mesmo, por não ter perguntado depois de quinze minutos. Houve duas falhas aqui. Primeiro, você deixou de se manifestar mais cedo. Segundo, não conseguiu controlar suas emoções. Embora talvez não admita verbalmente que errou, no fundo sabe que errou. Então, tem início a autopunição. O velho modelo de pensamento/sentimento funciona assim: fracassar significa perder, perder implica estar triste, e a tristeza é a condição que antecede a raiva. À medida que busca a causa externa de sua tristeza, que, neste caso, é inicialmente o garçom, você demonstra diante dos outros a sua raiva justificada com o garçom. Mas, bem no fundo, sabe que foi você mesmo que causou essa tristeza. Então, fica com raiva de si mesmo... duas vezes: a primeira, por ter perdido quarenta minutos esperando (que poderiam ter sido quinze, se tivesse dito algo antes), e, depois, por ter perdido o controle sobre as próprias emoções. Mas, após certo tempo, isso se transforma em um peso grande demais, então você encontra outra pessoa em quem projetar sua raiva. Você lhe envia uma encomenda, com os dizeres "Estou irritado com você!". Isso parece lhe trazer algum alívio, mas o sentimento é apenas temporário. Que tolice, não?

Preste atenção na próxima vez em que se sentir irritado. Interrompa o fluxo da raiva e faça a si mesmo duas perguntas simples: o que estou tentando fazer? Resposta: está tentando controlar o que não pode ser controlado (o passado e as pessoas). Quem está sofrendo, acima de tudo? Resposta: você mesmo! E, se a sua raiva estiver direcionada a você mesmo, devido ao seu próprio e aparente fracasso, repita esta frase curta: "O fracasso não existe, tudo o que existe é um resultado diferente daquele que eu esperava". Se ainda insistir em sentir raiva, pergunte-se: "Por quanto tempo minha raiva vai persistir?". Você se surpreenderá com a rapidez com que ela desaparecerá.

## Sempre reclamando?

*Se você está reclamando, deve ter em mente uma imagem de algo melhor do que aquilo que tem neste instante, mas não está disposto a se arriscar. Se não consegue se imaginar criando algo melhor, então não reclamará.* **Problema:** *você prefere reclamar a se arriscar fazendo aquilo que é necessário para produzir "algo melhor".* **Solução:** *pare de reclamar e comece a tomar as atitudes que produzirão aquilo que você quer.* **Alerta:** *se usar a raiva para motivar alguém nesse processo, é quase certo que: a) sentirá raiva também; b) induzirá o mecanismo de defesa dos outros; c) ficará exausto; d) acabará se sentindo isolado.*

## A resistência é sempre inútil, pois apenas dá sustentação ao sofrimento

Sempre que a raiva aparecer no horizonte de sua consciência, você perceberá que está em estado de resistência (ou de não aceitação) a um acontecimento, a um conjunto de circunstâncias ou a outra pessoa – às vezes os três juntos. A resistência é a semente de todos os conflitos entre as pessoas e as nações. Ela dá sustentação ao ciclo de violência contra os outros e contra você mesmo e é alimentada pelo medo e pela raiva. É por isso que o primeiro passo para a resolução de qualquer conflito é sempre a aceitação. Aceitar que o passado é passado e que nada pode alterá-lo. Aceitar que o comportamento dos outros não pode ser controlado, porque ninguém pode controlar os pensamentos e as decisões de ninguém, muito menos suas crenças e percepções. A aceitação garante que sua mente não será revestida de uma névoa vermelha. Se Rusedski simplesmente tivesse aceitado a decisão do árbitro e continuasse jogando, não teria perdido a capacidade de lidar com o problema. Isso não significa que ele não tenha o direito de contestar a decisão do juiz. Podia contestar, certamente. Mas não é necessário usar a raiva para opor-se a algo. Na verdade, se a raiva for usada, há 90% de probabilidade de que a reação seja a resistência. Sem mencionar a necessidade de curar outra ferida emocional, autoprovocada.

Aceitação significa ser capaz de pensar calmamente, enxergar com clareza, buscar alternativas e tomar decisões mais sensatas. Esse é o primeiro passo para que se possa abandonar a raiva e o sofrimento autoprovocado e alcançar a paz.

Durante décadas, a organização IRA e o governo britânico se mantiveram em um estado absoluto de resistência um contra o outro. A raiva matou milhares de pessoas de ambos os lados. Então, surgiu John Major, que disse, basicamente: "Aceitemos, simplesmente, que eles existem, que têm seus pontos de vista; não concordamos com eles, mas aceitemos o fato de que eles têm pontos de vista diferentes". Esse foi o primeiro passo na direção de um diálogo, que passou a ser conhecido como o "processo de paz". Embora tenha sido lento, mesmo que ainda imperfeito, ele se sobrepõe à violência da raiva e de suas expressões explosivas. A aceitação não implica concordar com o comportamento dos outros ou perdoá-lo. Na aceitação está implícita a compreensão de que não se pode controlar os outros, mas é possível influenciá-los, e o primeiro passo para exercer influência em qualquer relacionamento é a aceitação. O segundo passo é construir a confiança. A raiva é simplesmente um sinal de que você talvez ainda não tenha reconhecido a sabedoria e o caminho para dar esses passos.

Embora no início de sua trajetória tenha sido um jovem dominado pela raiva, Gandhi assimilou uma grande sabedoria ao longo do caminho. No final, ele conseguiu desencadear a mudança no mundo por meio da não violência, que é outra forma de referir-se à ausência de raiva. Sua sabedoria estava contida em uma frase imortal: "Você deve ser a mudança que deseja ver no mundo". E, enquanto vivia aquilo que pregava, aceitava o modo como as coisas eram. Tinha a visão clara de que elas poderiam ser diferentes, mas sabia que não poderia forçá-las a acontecer. Não ficava simplesmente deitado, deixando que o mundo passasse por cima dele. Caminhava em paz, conversava em paz, encontrava as pessoas em paz, e, por fim, a sabedoria que surgiu dessa mente não violenta acabou atraindo centenas de milhares de pessoas, influenciou o coração e a mente de políticos e moldou o destino de uma nação. Uma das expressões fundamentais dessa paz interior foi a sua infinita paciência. Ele não fazia guerra porque não praticava a raiva. E o mundo mudou radicalmente.

## "Fiquei profundamente ofendido com o que você disse"

*Não, não ficou! Você é que ofendeu a si mesmo. Não é o que os outros lhe dizem que faz você se sentir desse modo, e sim o que você faz com aquilo que os outros lhe dizem! Se você me chama de estúpido, essa é a percepção que você tem de mim, mas não é a percepção que eu tenho de mim. Sei que não sou estúpido. Só posso concluir que você não me conhece muito bem ou ainda não aprendeu a separar a pessoa de seu comportamento. Ou então está alimentando sentimentos negativos por alguma razão e projetando essas coisas em mim. Você não se lembra das rimas cantadas no jardim de infância, "sticks and stones"[1]? Acorde, sinta o aroma do café... em última instância, ninguém pode insultá-lo, e ninguém "faz" você sentir coisa alguma.*

---

[1] "*Sticks and stones / will break my bones/ But names will never hurt me*" ("Pedras e paus / partirão meus ossos / Mas palavrões jamais me atingirão". (N. T.)

## A origem do sofrimento

Mesmo quando se compreende racionalmente a inutilidade absoluta da raiva, como muitos são capazes de entender, há situações em que ela se justifica. Quando alguém faz algo que o afeta pessoalmente, como matar uma pessoa querida, destruir anos de trabalho ou riscar a lateral de seu carro novo, pode parecer que a raiva é justificada. Mas os princípios são os mesmos. Sua mente tenta controlar e mudar aquilo que é imutável – o passado, as outras pessoas ou eventos que estão a mais de dez metros de distância de você!

Então, por que você sofre tanto quando essas coisas que lhe estão tão próximas são alteradas ou perdidas? Isso ocorre porque elas estão perto demais. Quando alguém danifica seu carro e isso o faz sofrer, é porque você acha que é o próprio carro! Esse é o erro mais grave. É a causa mais profunda do sofrimento chamado raiva. É claro que você não tem consciência disso, mas, se parasse um instante para ver o que está fazendo com sua mente, perceberia que trouxe a imagem do carro para a tela de sua mente. VOCÊ se incorporou à imagem do carro, na tela da mente, e perdeu o senso de identidade. Com efeito, você se identificou com o carro. Então, se a lateral do carro foi riscada ou danificada de algum modo, a sensação é a de que aquilo está acontecendo com você, e como resultado vem a perturbação. Esse sentimento se chama raiva. Em termos espirituais, seria chamado de apego. O apego é um erro que todos nós cometemos na consciência, e isso cria o que é conhecido pelo nome de ego. Do ponto de vista espiritual, o ego está na raiz de todo sofrimento, e todo sofrimento pode ser localizado e sentido em um nível emocional por meio das várias manifestações de medo, raiva e tristeza.

Quando você perceber isso ocorrendo regularmente em sua consciência, verá exatamente de onde vem a raiva e poderá reparar o erro. A solução é simples porque a verdade é simples. Se não deseja sofrer por causa do medo ou da raiva, não se apegue a nada nem a ninguém, a nenhuma expectativa, a nenhum objeto, a nenhum resultado em particular. Não perca o senso de identidade em relação a algo que não corresponde ao que você é. Isso não significa que não deva ter um carro ou outras posses. Nem que não pode ter expectativas, objetivos etc. Você os tem. Porém, a relação que existe entre você e eles muda. O desapego ocorre quando você não depende mais de nada disso para conseguir a paz e a felicidade. Opta por viver em paz e feliz, seja como for. Assim, se alguém risca ou danifica seu carro (o que é inevitável), se algum ente querido viaja ou morre (o que é inevitável) ou se suas expectativas não são correspondidas (o que também é inevitável), você não perde a capacidade de lidar com a situação. Passa a perceber que tudo na vida vem e vai, tudo entra em decadência, todos os processos dinâmicos são imprevisíveis e incontroláveis e devem ter um fim. As coisas acontecem! Você sabe que isso é uma realidade. A cada vez que sente raiva, está brigando com essa realidade. Uma vez mais, não é exatamente um modo iluminado de viver.

Tempos atrás, em minha busca espiritual, vivia me deparando com a ideia de que "o que é, é". Embora isso parecesse claro, eu não conseguia entender o sentido daquilo que alguns chamavam de "significado profundo" dessa frase simples. Um dia, então, a ficha caiu. Percebi que eu passara 90% de minha vida tentando mudar o que jamais poderia ser mudado... aquilo é o que é. É o modo como as coisas são agora... neste exato momento. Além de ser impossível mudar o passado, não se pode fazer nada em relação ao que é neste exato momento, em qualquer parte. Quando se consegue realmente enxergar isso, a paz e a serenidade voltam ao lugar de origem, o que influenciará positivamente aquilo que está por acontecer. O problema é que a ficha precisa cair de novo: continuo esquecendo que o que é, é. Ainda entro em estado de sonolência, lutando contra aquilo que é. Embora ocorra com muito menos frequência do que antes, passei a chamar isso de meu "pesadelo vivo", e ele está por inteiro em minha mente. Trata-se do pesadelo que aprendemos a criar para nós próprios e ainda o ensinamos às crianças. É por isso que, se você perguntar a uma pessoa que está trilhando um caminho espiritual autêntico qual é o maior esforço que ela tem de fazer, ela lhe dirá que essa ficha tem de continuar caindo, uma centena de vezes por dia! Em seu mundo externo, no mundo que o circunda, e até no mundo de sua consciência, neste exato momento... o que é, simplesmente é. Você consegue enxergar isso? Consegue aceitar esse fato?

## Sistema de Saúde Nacional

*Embora toda forma de sofrimento físico seja desagradável, seu percurso é sempre de cima para baixo – do nível espiritual ao mental e então ao físico. Muitas das moléstias do corpo, se não todas, se originam em doenças mentais ou emocionais, que sempre provêm de alguma forma de doença espiritual. Uma alma infeliz cria pensamentos negativos, produzindo emoções pouco saudáveis, que enfraquecem o sistema imunológico do organismo. Então, quem é a única pessoa capaz de fazer VOCÊ ficar bem e manter seu bem-estar?*

## Por que todos choram?

Agora mesmo, talvez você esteja disposto a defender sua raiva. Ainda que perceba que ela é sempre provocada por você mesmo. Talvez olhe para o mundo e veja muita injustiça e tantas coisas "erradas" acontecendo com os outros. Talvez acredite na "raiva justificada". Em outras palavras, uma raiva que é justificada pelo julgamento, porque você tem razão e acha que os que agiram errado devem ser punidos. Então, poderíamos fazer aquela velha e pertinente questão: "Deus lhe deu permissão para policiar o universo?". Pois isso é o que está tentando fazer quando fica justificadamente irritado com alguém. Na verdade, se pudesse ter consciência de si naquele momento, veria que sua identificação equivocada não se dá com os objetos nem com as coisas, mas com o sofrimento alheio. Está fazendo de si mesmo uma vítima no lugar deles e, como resultado, sofre. Isso destrói sua eficácia, ao mesmo tempo que sabota sua capacidade de ajudar os que estão sofrendo, pois você mesmo sofre. É como um bêbado tentando ajudar outra pessoa também bêbada. A perturbação emocional destrói sua capacidade de se comunicar com as pessoas e de influenciá-las positivamente. Mas, sobretudo, você está fazendo aquilo que não deseja que os outros façam. Quando agride uma pessoa por ter agredido alguém, você é o agressor. Nesse momento, está sendo hipócrita. Mas sua raiva não lhe permitirá enxergar isso.

A assim chamada "raiva justificada" também bloqueia a capacidade de ter empatia e compaixão – duas das mais poderosas expressões do amor que sempre existe no fundo do coração. E é disso que ambas as partes – vítima e agressor – necessitam. Por quê? Porque é óbvio que ambos estão sofrendo profundamente.

É fácil enxergar, ouvir o sofrimento da vítima e identificar-se com ele, mas não é tão fácil ouvir e enxergar a dor do agressor. Trata-se de um sofrimento baseado na ignorância e na ilusão. Ele normalmente se origina de um condicionamento cultural ou familiar, em que a ignorância é alimentada inconscientemente e as ilusões são passadas de uma geração a outra. Como a crença de que os outros possuem aquilo que eu mereço ter ou desejo, ou de que os outros estão interferindo em meu caminho na busca da felicidade. O sofrimento do agressor é feito de ciúme, medo e ausência de autorrespeito. Ele projeta esse sofrimento naquele que enxerga como "vítima". Quando você compreende a dor do agressor, encontra outra vítima. No entanto, a própria ideia de ser vítima é, em si, outra ilusão. Em última instância, não há vítimas, apenas pessoas à mercê da vida. Se você me disser que ocorreu algum desastre de grandes dimensões em sua vida, eu poderia dizer: "Lide com isso", "Supere isso" ou "Prossiga com a vida". Para você, que aprendeu a se ver como vítima, isso provavelmente soaria cruel e insensível. Do mesmo modo, se eu dissesse: "Ah, coitado de você", talvez parecesse um comentário paternalista, e além disso eu estaria fortalecendo sua própria preguiça e reafirmando sua condição de vítima. Nenhuma dessas atitudes lhe seria útil. Então, o que mais eu poderia dizer?

Todos sabemos que a melhor atitude diante de alguém que está passando por um sofrimento emocional é não dizer nada. Simplesmente ouvir, estar presente e disponível são as melhores maneiras de estar ao lado de uma pessoa que está tentando lidar com os próprios sentimentos e emoções. A última coisa de que ela precisa é que sintamos raiva em nome dela ou que demonstremos nossas emoções e julgamentos. Relato a seguir uma história radical, embora verdadeira, que demonstra a sutileza de nossa capacidade de ajudar e de usar nosso poder para ajudar os outros a aliviar seu sofrimento.

Joe Davis era um dos criminosos mais violentos encarcerados em penitenciárias canadenses. Mary Murray fazia trabalhos voluntários, oferecendo *workshops* sobre meditação e pensamento positivo a prisioneiros. Joe nunca participou de nenhum deles, mas os demais prisioneiros sempre faziam comentários sobre sua ira. Mary decidiu encontrá-lo a sós. Lenta e relutantemente, ele começou a se abrir e, num período de duas horas, ela ouviu toda a sua história de vida. Em sua visita seguinte à prisão, soube que ele havia mudado, praticamente se transformara, e grande parte de sua ira desaparecera. Os prisioneiros perguntaram a Mary como ela conseguira aquele resultado e o que exatamente lhe havia dito. Ela disse que não sabia e que tudo o que fizera fora simplesmente ouvir. Então, eles perguntaram a Joe o que ela havia feito, e sua resposta foi simples: "Foi a primeira vez que alguém realmente me ouviu e ouviu a minha história". (Os nomes reais foram alterados.)

A raiva em relação a qualquer injustiça aparente é sinal de que você não compreende três aspectos. Primeiro, não percebe que a raiva só serve para acrescentar um elemento à negatividade. E dois elementos negativos não resultam em um positivo. Em segundo lugar, está fazendo o mesmo que o pretenso agressor – agredindo alguém. Você fez de si mesmo uma vítima da situação e agora está retaliando. Em terceiro lugar, ainda não compreendeu que o comportamento negativo do agressor, independentemente de seu impacto sobre os outros, nada mais é do que um apelo para obter sabedoria e amor. Por trás da raiva, ele está dizendo, mentalmente: "Essa pessoa está me negando a felicidade e deve ser punida por isso". A conclusão é que nenhum dos dois ainda percebeu que ninguém é responsável pela felicidade alheia. Você é o responsável por sua felicidade. Sempre.

É simplesmente impossível agir com sabedoria demonstrando amor e ao mesmo tempo estar dominado por uma raiva pseudojustificada. Na verdade, a raiva consiste no próprio apelo em busca de sabedoria e amor. Porém, sua perturbação emocional, criada por você mesmo, obscurece a capacidade de ver o que está fazendo com sua mente e seu coração. Enquanto estiver nesse estado emocional, não haverá como amparar a mente e o coração de outra pessoa. No entanto, se alguém tentar lhe dizer essas coisas enquanto você estiver nesse acesso de raiva, provavelmente a raiva se intensificará.

Por que você faz tais apelos toda vez que fica emocionado, independentemente da emoção? Por que tal apelo busca, especificamente, a sabedoria e o amor? Bem no fundo do coração, você sabe que está iludindo a si mesmo. Não consegue enxergar claramente a ilusão. Assim, apela para a sabedoria, para que o ajude a enxergar. Compra livros como este em resposta ao seu apelo para obter sabedoria. É ela que o faz lembrar de que nada é o que parece. E que provavelmente existe uma história por trás da interação entre a vítima e o agressor. Se você fosse capaz de ver e compreender essa história, perceberia um significado mais profundo e verdadeiro da situação presente. A sabedoria também o fará lembrar de que, às vezes, os papéis de vítima e de agressor são trocados. Com muito mais frequência do que gostaríamos de acreditar, a vítima está, inconscientemente, escolhendo e atraindo a vitimização. Ela tornou-se identificada a tal ponto com a condição de vítima que fica perdida com a ideia de ter qualquer outro papel a não ser o de vítima. Mas a raiva simplesmente não lhe permitirá enxergar por trás das aparências. Na verdade, por meio dela, você envia ao mundo uma mensagem de que está sofrendo e que, portanto, é a vítima. Será que isso ocorre porque foi assim que você aprendeu a se enxergar? No momento em que observa e julga os relacionamentos e as interações das pessoas, você tem consciência de que inconscientemente os está interpretando de tal forma que consegue trazer à tona a auto imagem de vítima e desempenhar o papel com o qual se sente à vontade há algum tempo? É como se estivesse procurando um pretexto para tomar as palavras e atitudes de outra pessoa para abusar de você. É como se quisesse ser ofendido! Isso se transforma numa zona de conforto perversa.

A cada vez que sente raiva, você sabota sua capacidade de compreender a si mesmo e aos outros. Então, surge o apelo para obter amor. Olhe para a situação desta maneira: toda vez que deparar com algum conflito entre as pessoas, lembre-se de que isso representa "ausência de amor" no relacionamento. E a ausência de amor em qualquer relacionamento é a definição mais simples de estresse humano. Em meio à raiva justificada que você sente diante dos relacionamentos dos outros (vítima/agressor), decide envolver-se com esses relacionamentos, seja diretamente (talvez eles estejam no mesmo ambiente), seja a distância (algo do noticiário, talvez). Assim, o que traz para o relacionamento? A raiva em forma de desaprovação, condenação e críticas, ou o amor na forma de compreensão e compaixão, oferecendo assistência para resolver problemas e sugestões construtivas? Somente uma intenção motivada pelo amor tem o poder de transformar as percepções de condenação para compaixão e criar um comportamento que talvez ajude os outros a mudar a si mesmos. Qual dos caminhos um líder escolhe normalmente? Você é um líder.

## Isso é simplesmente inaceitável!

*Quantas vezes você ouve esta frase, como reação ao comportamento de alguém ou de uma nação? O clamor de indignação soa assim: "Como eles ousam...? Isso... é simplesmente inaceitável!". Bem, é difícil, mas não há outra escolha. Você não tem como deixar de aceitar aquilo que já aconteceu. Se tentar, estará, uma vez mais, buscando o impossível. Se rejeitar a aceitação, essa opção será sua, e, se isso tiver de acontecer, será um processo doloroso, cansativo e desmoralizador (você terá de mostrar desapego à moral). Aceitar não significa concordar ou perdoar. Significa simplesmente reconhecer que o que foi feito está feito, não perder a calma e ser capaz de olhar para a frente, e não para trás, de ser proativo em vez de reativo e de contribuir com ideias positivas, e não com recriminações negativas. A escolha não é difícil, é?*

## A justiça percorre um caminho próprio

Você tem, naturalmente, consciência de que a justiça verdadeira é... natural? Tem a consciência intuitiva de que a justiça percorre um caminho próprio, tem seu ritmo próprio e causa seus próprios impactos? Todos nós reconhecemos que existe uma justiça natural inerente aos assuntos humanos quando nos referimos à ideia de carma, quando reconhecemos que aquilo que plantamos é o que colheremos, quando reconhecemos que para cada ação existe uma reação igual e uma oposta e quando dizemos, com frequência: "Os atos têm consequências". No momento em que você sente raiva em relação aos atos de alguém, está mandando ao mundo a mensagem de que não pode esperar a justiça chegar e que nomeou a si próprio como policial, juiz, membro do júri ou carcereiro, para acelerar o processo!

Você mal se dá conta de que a raiva que está sentindo é, em si, a justiça que está lhe fazendo uma visita! Você é que está sofrendo nesse momento. É você que está se vingando de si mesmo... literalmente! Você é que está fazendo um apelo. Apelo para obter o quê? Para que a sabedoria o liberte de sua ignorância e para que o amor carregue para longe as lágrimas da infelicidade. Mas você não consegue perceber a verdadeira natureza desse clamor, pois não enxerga a raiva como uma forma de sofrimento. As crenças que aprendeu – que a raiva, além de não trazer problemas, é boa – ainda são muito poderosas.

Isso não significa que só lhe resta ficar observando, de modo inerte, o conflito entre os perseguidores e os perseguidos. Você sempre tem escolhas. Pode deixar sua "raiva não empírica" de lado e ir ajudar, fazer algo, oferecer uma contribuição para melhorar as coisas no futuro. A palavra-chave, aqui, é "oferecer". Só tome cuidado para que sua oferta não se transforme em algo forçado, motivado pela frustração, numa tentativa de fazer justiça com as próprias mãos. Se, de fato, decidir deixar de lado a "raiva não empírica" e fazer algo, talvez seja aconselhável adotar uma postura pacificadora de compaixão, em vez de se mostrar carregado de condenações e de desprezo. A primeira postura traz consigo uma possibilidade de influência positiva (embora nada seja garantido), e a segunda, uma tentativa de controle. Uma é iluminada, a outra é obscurecida. Obviamente, esse começo não é fácil, sobretudo se a situação for pessoal.

Tudo isso provavelmente representa um desafio ao condicionamento, pelo qual você deve ter aprendido que a vingança é uma reação aceitável. A mitologia do herói, que permeia quase todos os filmes modernos, telenovelas e videogames, aparentemente perdoa e estimula uma vingança motivada pela raiva. Vivemos em tamanha confusão que praticamente colocamos a vingança no conjunto daquilo que chamamos de direitos humanos. Tal é a densidade da névoa que hoje envolve essa emoção perigosa.

Durante anos, a vida de Jo Berry foi dominada pela raiva. Seu pai foi assassinado por Patrick McGhee, um terrorista do IRA, durante a Conferência do Partido Conservador em Brighton, em 1984. Ela decidiu procurá-lo e descreveu o desfecho particular do encontro dos dois: "Durante semanas, fiquei desanimada e com medo. Tinha começado a compreender que, quando você desiste de culpar os outros, sente um medo terrível de os estar traindo. Porém, eu estava eufórica". No final, ambos se juntaram à organização Building Bridges for Peace [Construindo Pontes para a Paz] e apareceram juntos na televisão e em encontros públicos. Trabalhando ao lado do assassino de seu pai, ela reflete: "Não quero demonizar Pat. Quero ouvi-lo. Quero poder enxergar o seu lado humano. Ainda não tenho a intenção de perdoá-lo, mas desejo compreendê-lo".

## A injustiça disso tudo

*É fácil olhar para o mundo como um lugar em que alguns "têm" e outros "não têm". No nível pessoal, é dessa percepção que pode nascer a inveja, isto é: você possui aquilo que eu quero ou aquilo que acho que devo possuir. O ressentimento que se segue corrói a felicidade, fazendo com que toda a alegria da vida desapareça. De modo paradoxal, quanto mais você desejar o que os outros têm, menos será capaz de receber. A energia negativa da inveja, que emana quando você se vê com menos do que os outros e se sente injustiçado, fará com que sua capacidade de atrair seja continuamente enfraquecida. Para algumas pessoas, não se trata de algo pessoal: é a aparente injustiça da distribuição desproporcional entre os que "têm" e os que "não têm" que as irrita. Decerto, cada ser humano tem necessidades físicas de itens básicos, como alimentação e habitação. No entanto, é interessante observar as crianças radiantes de felicidade em um vilarejo da Índia, sem quase nada além de uma tigela de arroz e dois chapattis por dia, e o rosto tristonho e infeliz de crianças em algumas cidades do assim chamado Primeiro Mundo civilizado, que têm tudo e, comparativamente, vivem na luxúria. Então, quem realmente tem e quem não tem?*

## O equilíbrio das balanças

Todos nós conhecemos a lei da gravidade, pois é ela que nos permite, por exemplo, permanecer sentados. Porém, poucos percebem que "a lei da gravidade" é apenas uma das leis que estão interligadas à "lei do equilíbrio" do mundo físico. A gravidade garante que tudo retorne a um estado de equilíbrio. Se há demasiada umidade no ar, ela descerá na forma de chuva, reequilibrando a atmosfera. Uma inclinação excessiva na onda do mar fará com que ela se quebre na praia. A lei do equilíbrio também pode ser encontrada nos níveis mental e espiritual. O excesso de pensamentos de ira e de vingança resultará em comportamento violento, atraindo assim reações negativas. Porém, se eles forem internalizados, acabarão produzindo doenças físicas, uma vez que a consciência busca uma maneira de eliminar o veneno mental e restaurar o equilíbrio dos sistemas mental e físico.

Expanda esse *insight* na direção do universo e verá as pessoas, organizações e nações trocarem energia negativa. É possível que você veja: a) um dos lados desequilibrando a balança momentaneamente; ou b) o equilíbrio sendo restaurado, como deve acontecer, pois essa é uma lei inviolável. Ela não precisa ser aplicada por nós nem por uma força superior. É uma lei inerente ao sistema e à dinâmica de todos os assuntos humanos. Ela rege a si própria. Ao compreender que ela está em funcionamento o tempo todo, aprendemos a recuar um pouco e simplesmente observar, sem tirar conclusões precipitadas nem atrair pensamentos violentos sobre aquilo que se acredita ser uma vingança justificada. A consciência de que todo ato tem consequências não nos impede de estabelecer leis na sociedade, não nos impede de desarmar um homem armado se ele estiver no mesmo ambiente que nós (embora seja necessária, para isso, uma ótima estratégia!), mas nos ajuda a não fazer justiça com as próprias mãos. Você não pode apressar a justiça. Não pode forçar o reequilíbrio das energias em nenhum nível no mundo. Se tentar fazê-lo, será uma demonstração de arrogância e, como resultado, tudo o que conseguirá será perturbar o equilíbrio de suas energias. Ao condenar aqueles que tentam fazer justiça com as próprias mãos, você está fazendo justiça com as suas! A última parte de qualquer refeição, incluindo a que chamamos de vida, é sempre chamada de "sobremesa, simplesmente". O que você prefere, sorvete ou coalhada[2]?

## Quais direitos?

*Se olhamos para o abuso em relação aos direitos humanos, rapidamente atiçamos as chamas da raiva, e, se são nossos direitos que aparentemente foram negados, ficamos duplamente irritados. Mas espere um instante: o que é que nos permite ter direitos humanos? O que são os direitos, além de simples favores garantidos pelo Estado ou pelas instituições? Na verdade, em termos absolutos, não temos direitos automáticos; temos, sim, responsabilidades. Temos a responsabilidade de reagir à vida ao nosso redor do modo mais positivo*

---

[2] No original, há um trocadilho: "*ice cream or sour cream*?", que permite dar ênfase ao adjetivo *sour*, que significa amargo, azedo, irritado". (N. T.)

*possível, já que isso mantém o mundo positivo e harmonioso. "Mas espere um pouco", você protesta. "E quanto ao direito à liberdade de expressão, à liberdade de deslocamento, à liberdade de oportunidades?" Continuemos: expresse-se, desloque-se, crie. "Mas espere", você insistirá. "E se o governo ou as instituições não me permitirem isso? E se formos perseguidos ao tentar fazer isso?" Se reagir como uma forma de resistência, apenas criará conflitos e fortalecerá as forças contrárias a esses tipos de liberdade – o que, aliás, é exatamente o que eles esperam que você faça. Mas, se aceitar as coisas como são e concentrar seu tempo e energia na criação de novos caminhos, poderá, por meio de reações positivas e proativas (a capacidade de reagir), criar um caminho melhor para os outros. Tanto Gandhi quanto Mandela eram figuras públicas que tinham ciência disso, e foi assim que agiram quando perceberam que a resistência era um desperdício de tempo. Eles não reclamaram, colocando-se no papel de "vítimas". Não gritaram nem ficaram irados, reclamando por "seus direitos". Assumiram a responsabilidade por seus pensamentos, palavras e ações, sabendo exatamente que tipo de poder e de impacto exerceriam ao fazê-lo. Acorde, sinta o aroma do chá de ervas: você não tem direitos naturais, apenas alguns privilégios conferidos pelo governo e pelas instituições. No entanto, tem responsabilidades. Uma pequena responsabilidade, em particular, diz respeito a "como vivo minha vida". Como você tem vivido? Estão todos assistindo ao desenrolar dessa história. Bem, quase todos!*

## Não a alimente!

Então, você consegue libertar-se dos padrões habituais de raiva, não importando a forma que eles adquiram? O primeiro passo é reconhecer esse inimigo emocional. Isso significa cultivar profundamente a autoconsciência, com a qual você observa, de modo delicado, mas sem tensão, seus pensamentos e sentimentos à medida que aparecem. Isso requer prática. O segundo passo é assumir responsabilidade absoluta por sua raiva. Não é uma tarefa tão fácil, se você tiver passado a vida inteira acreditando que são as pessoas, os eventos e as circunstâncias os responsáveis pela raiva que você sente.

Assim, quando a raiva aparecer, não perca tempo com ela, alimentando-a. Lembre-se de que você não é a sua raiva, você não é as suas emoções; separe-se delas e retorne ao centro de sua consciência para se reconectar com a paz interior e com a sabedoria inata.

No interior da consciência, existe uma fonte interior de paz, que também representa o poder que você tem. Assim como há um ponto de tranquilidade bem no meio de um furacão, existe um lugar, no meio de seu furacão emocional, onde você sempre encontrará a paz de que precisa para restabelecer a calma e o poder necessários para redirecionar sua atenção. O método para atingir esse estágio tem sido praticado há milhares de anos no Oriente. Chama-se meditação.

Uma vez atingido esse ponto e restaurada a paz interior, você começará a perceber por que, afinal, criou o sentimento de raiva. Dentro de seu coração pleno de paz existe uma sabedoria inata. Todo ser humano tem esse recurso interior. Porém, para a maioria de nós, ela tem sido reprimida ou sufocada pelo condicionamento social e educacional e pelas experiências que acumulamos na vida. Essa sabedoria nos dá a consciência de que a raiva não é saudável, é irracional e se baseia na ilusão de que o mundo deve dançar exatamente conforme nossa música. Se você der ouvidos por um tempo suficiente a essa voz da sabedoria, perceberá a inutilidade da raiva, e tanto os hábitos quanto as ilusões – nas quais a raiva se baseia – começarão a atrofiar-se.

Nesse meio-tempo, será útil, para não dizer essencial, compreender como é possível construir a paz e permanecer nela, mesmo que as pessoas ao redor prefiram juntar-se a você, contribuindo com a raiva que carregam. No capítulo 2, examinaremos a paz mais detalhadamente e veremos que ela não é um estado passivo ou uma ideia insossa, mas algo que consiste no verdadeiro poder do seu ser, o poder e a força de que você precisa para mudar os hábitos de raiva, frustração, irritação e ressentimento. Enquanto isso, reserve um tempo para explorar algumas das estratégias seguintes, na seção "Quatro caminhos na direção da liberdade, a partir da raiva".

## Acessos de mau humor

*Os hábitos criam raízes. Estima-se que 80% de nossa vida seja constituída pelo hábito. Isso significa que, em algum momento do passado, você aprendeu a irritar-se com facilidade. Prova-*

*velmente devido à influência dos pais ou de amigos na escola. Do mesmo modo que sentiu prazer brincando de Lego, ou encaixando as peças de um quebra-cabeça, você construiu um lugar para o pavio curto em seu temperamento. A partir dali, ele se tornou um de seus hábitos mais valorizados! Se isso for verdade, é hora de desmantelar, destruir e reconstruir seu temperamento ou personalidade. Isso é muito mais fácil do que você pensa e não requer a ajuda de um especialista. Requer apenas o interesse, alguma compreensão e a intenção de mudar o modo como reage às coisas. Jamais acredite em alguém que diz: "Não consigo mudar... sempre fui assim... nasci com essa personalidade". Você não herdou a personalidade que tem hoje, você a formou ao longo dos anos!*

## Quatro caminhos na direção da liberdade, a partir da raiva

### *Caminho 1 – Total controle emocional*

A raiva é um distúrbio da paz interior criado por você mesmo! Se abandonar a tentativa mental de controlar as pessoas e as situações e aceitá-las exatamente como as vê, a cada instante, a névoa vermelha da raiva nunca mais aparecerá. Quem dera fosse fácil assim (para alguns, é)! A maioria de nós aprendeu e enraizou o hábito de deixar-se dominar pela raiva, então talvez seja a hora de aprender a lidar com isso quando ela surgir. Aqui estão cinco passos que, com o tempo, o ajudarão a eliminar o hábito da raiva e a aumentar seu nível de compreensão.

## Primeiro passo – Conscientização

Aprenda a elevar a autoconsciência e começará a perceber a raiva em seus estágios iniciais; por exemplo, a irritação é o primeiro sinal de que há uma perturbação na consciência. Quando começar a sentir o princípio de uma irritação, observe seus sentimentos. Então...

## Segundo passo – Reconhecimento

Lembre-se de que você é totalmente responsável pela criação de sua irritação. O responsável nunca é a outra pessoa ou a outra circunstância. Cuidado para não direcionar a arma contra si mesmo, ficando irritado por ter ficado irritado!

## Terceiro passo – Aceitação

Não lute contra a irritação. Aceite a presença dela. Se resistir, ela apenas ganhará mais força e você provavelmente a reprimirá. Converse com ela, sorria para ela, acolha-a: "Olá, irritação, então você está de volta!". Mas não a alimente.

## Quarto passo – Elevação

Ao dialogar com a irritação e a raiva, você já estará no quarto passo, que é o distanciamento e a simples observação da emoção. Lembre-se: você não equivale às suas emoções.

Sejam quais forem, elas desaparecem com a observação. Você é o criador e elas são sua criação. O criador não é a criação. Não se identifique com a emoção. Mantenha distância dela e observe-a.

## Quinto passo – Sintonia

O lugar mais calmo de um furacão está no olho da tempestade. O mesmo ocorre com o furacão das emoções. O lugar mais calmo está no centro, bem no meio da consciência. Aprenda a chegar lá e sempre encontrará a paz e a força interiores. O método para sintonizar-se com o centro do *self* é o mais antigo do mundo. Chama-se meditação. Aprenda a meditar.

Esta é menos uma técnica do que um processo de expansão da consciência. Para começar, é improvável que você seja capaz de passar pelos cinco passos descritos em situações reais e em tempo real. Para desenvolver a consciência do processo, pratique-o em retrospecto. Reserve cinco minutos no fim do dia e considere os acontecimentos diários à luz dos cinco passos. Sua conversa interna talvez seja algo como: "Bem, consegui sentir o início de minha irritação quando David chegou, então estava consciente. De fato, reconheci a irritação. Assumi a responsabilidade por ela, e não a projetei nele. Mas, em vez de aceitar a presença da irritação, comecei a resistir a ela e, com isso, a sufocá-la. Agora entendo por que ela simplesmente piorou. Assim, amanhã me dedicarei mais ao terceiro passo, a Aceitação".

## Crise de significado

*Em um mundo acelerado, também tendemos a nos precipitar e descuidar das palavras que usamos. Com isso, elas facilmente perdem o significado. Um desses casos de perda se dá quando a paixão é tomada pela raiva. Muitos acreditam que a raiva é uma manifestação da paixão, normalmente quando se toma partido contra alguma injustiça ou quando se luta por uma causa. Mas isso não é paixão, é apenas raiva. A verdadeira paixão é o entusiasmo, e este não se esgota. Ele é estável e criativo e não destrutivo; nunca está "contra" o que quer que seja. Não confunda a paixão com a raiva.*

### Caminho 2 – Mudando as sete modalidades de raiva
Não a reprima nem a expresse, mas aprenda a transformá-la

As pessoas sentem raiva por diferentes razões, mas não é só isso: esse sentimento adquire formas diferentes, dependendo das crenças assimiladas, das experiências vividas e da percepção imediata. Enquanto você estiver praticando o retorno ao seu *self* verdadeiro, original e livre da raiva, feridas antigas continuarão a criar diferentes formas de raiva na consciência e por meio do comportamento. Apresento a seguir alguns exercícios e métodos que podem ser usados, seja para eliminá-las, seja para começar a curá-las.

### 1. Irritação

*Você a cria quando as coisas não acontecem com a rapidez necessária; por exemplo, quando o computador trava por um momento, quando o carro da frente está andando devagar ou quando alguém tamborila na mesa em uma sala silenciosa.*

**Solução:** cultive a paciência e a aceitação serena de que tudo e todos têm um ritmo próprio, sua própria cadência de vida. E, se o tamborilar incomoda você, comece a tamborilar também ou peça à pessoa que pare de fazê-lo.

### 2. Frustração

*Você a cria quando as coisas não acontecem do modo como queria, esperava ou imaginava.*

**Solução:** aceite a maneira como as coisas aconteceram. Acolha-a, lide com ela e aprenda com a experiência. Aceite o modo como as coisas são. Reaja sempre proativamente ao presente, em vez de reativamente ao passado. Somente assim o futuro começará a se manifestar perto do que você imaginava.

### 3. Rancor

*Você o cria quando acredita que foi prejudicado por alguém.*

**Solução:** ninguém é capaz de feri-lo, mental ou emocionalmente. Você é quem provoca tal emoção... sempre.

## 4. Ressentimento

*É um sentimento criado em relação às pessoas que, a seu ver, o insultaram ou ofenderam.*

**Solução:** não são as palavras dos outros que o insultam, mas o que você faz com elas em sua mente. Todos nós conhecemos alguém que é casca-grossa. Nada parece afetá-lo. Crie sua própria casca-grossa. Aprenda a ouvir sem ouvir. Imagine que a pessoa que lança insultos está presa numa redoma de vidro e você vê seus lábios se movendo, sem poder ouvir o que ela diz.

*Você também cria o ressentimento quando sente inveja de alguém.*

**Solução:** pare de se comparar e de querer ser como os outros. Continue vivendo sua vida. Você não pode se transformar em outra pessoa e ninguém lhe deve nada.

## 5. Menosprezo

*Você o cria ao dar atenção aos seus julgamentos e ao desaprovar completamente as atitudes alheias.*

**Solução:** separe a pessoa dos atos praticados por ela e lembre-se de que suas atitudes se baseiam nas crenças que você tem. É provável que essa pessoa (ou você) tenha crenças equivocadas. Recorde-se de que não é possível controlar os outros – suspenda o julgamento. Não aprove nem desaprove. Observe, simplesmente. Imagine então uma reação mais proativa e pratique-a.

## 6. Ódio

*Ele surge quando você passa a crer que alguém representa o mal ou uma sordidez extrema.*

**Solução:** repare no modo como está fazendo de si mesmo um escravo emocional do objeto de seu ódio, o que significa que você não é livre e que está infeliz. Lembre-se de que somos intrinsecamente bons, apenas nos esquecemos disso. Veja o ódio e as atitudes alheios como um grito de socorro, um apelo para conseguir atenção e amor.

## 7. Ira

*Você a cria ao alimentar a raiva, normalmente em reação às atitudes de outras pessoas, que você considera obstrutivas ou invasivas. Um exemplo é a ira demonstrada no trânsito.*

**Solução:** é hora de pedir ajuda. Faça um curso, procure aconselhamento, inicie uma terapia, aprenda a meditar.

### A história do mártir

*Todos nós já deparamos com um mártir. Talvez você mesmo já tenha vivido esse papel. O mártir suspira em demasia enquanto conta histórias do estilo "pobre de mim..." e relembra o sofrimento insuportável pelo qual teve de passar!*

*Se você se envolver demais na história dele, será sugado por sua melancolia e mentalidade de vítima. E passará, aos poucos, a acreditar nele, sentindo-se até do mesmo modo. No momento em que ele notar que pode contar com sua atenção e empatia, começará a desabafar a raiva que está por trás de toda a mentalidade de mártir. Trata-se de uma raiva simples. Chega a parecer uma raiva de bebê, do tipo "Você não está me ouvindo". Então, ele tentará apelar para seu pesar e compaixão a fim de obter atenção e, assim que for fisgado, saberá que tem uma plateia para os ressentimentos e as injustiças que aparentemente sofreu. A condição de mártir implica simplesmente a busca por atenção, já que a raiva é apenas um apelo para obter amor, um pedido de socorro. É difícil enxergar isso no terrorista moderno, que martiriza a si próprio por aquilo que considera uma "causa digna". Mas essa causa não passa de um disfarce para a desconexão que existe entre corpo e alma, entre ele e seu próprio amor. Está confuso e preso à confusão que ele mesmo perpetua. Sofreu uma lavagem cerebral que o fez crer que seu sofrimento e sua morte podem mudar o mundo; ilude-se completamente ao confundir o suicídio com a honra, ao perceber o assassinato como porta de entrada para o paraíso e ao achar que as pessoas lhe darão ouvidos quando não puder mais dizer nada. O mártir não tem voz em seu túmulo. E, se pudesse falar, tudo o que diria seria: "Tive ressentimento... menosprezei... odiei... senti raiva". O que, em outras palavras, quer dizer: "Eu estava perdido".*

### *Caminho 3 – As sete situações "E daí?"*
Como eliminar a raiva das pessoas e as situações que mais irritam você

Cada um de nós tem seu repertório de cenas e situações prediletas que desencadeiam a raiva, nas quais encontramos razões para nos sentir ofendidos ou irritados. A seguir, apresento algumas delas.

## 1. Seu chefe promove outra pessoa

E daí? Para começar, você não deveria ter sido promovido. Talvez perceba que, antes mesmo de receber a promoção, você se apossou dela... em sua mente. Um erro fatal. Então, a sensação é que você a perdeu, quando nem sequer a conseguiu. Jamais presuma coisa alguma. Nunca se aproprie daquilo que ainda não tem. E, quando conseguir tal coisa, não se aposse dela. Não é sua. Nada pertence a você.

## 2. Seu namorado(a), marido/esposa acaba de deixá-la(o)

E daí? Trata-se do acaso da vida, da trajetória e da escolha de seu (sua) parceiro(a). Você, de repente, fez a sua vida e felicidade dependerem dessa pessoa. E então chamou isso de amor. Mas não é amor... é dependência. E o amor não depende de nada. O amor celebra e apoia o outro, mas talvez não apoie suas escolhas de vida (como se juntar às brigadas para combater o suicídio). Quando alguém vai embora, não está realmente partindo. Você sempre pode desejar-lhe o melhor, todos os dias. Não fique triste, irritado ou com raiva quando alguém rompe os limites do conformismo. Celebre tal atitude e faça o mesmo. Rompa também o conformismo.

### 3. Seu filho(a) adolescente está sempre fazendo algo que você desaprova

E daí? Talvez ele(a) esteja fazendo programas até tarde, usando *piercings* em várias partes do corpo, trazendo amigos "interessantes" para casa. É possível culpá-lo(a)? Você precisa seguir os passos de seus pais ou avós, a patrulha do comportamento adequado, rígido, com os quais conviveu toda a vida? Se não quiser que seus filhos se tornem ditadores... não aja como um tirano. Dê orientação, aconselhe, apoie, ofereça seu amparo, empatia... mas faça de tudo para controlar a ilusão de que você tem controle sobre seus filhos. Nunca teve e jamais terá. E, se deseja ajudá-los a aprender a fazer algo ou a comportar-se de determinada maneira, faça isso para si mesmo, antes... com amor. E então observe o que acontece. Além disso, eles nem sequer são SEUS filhos!

### 4. Seu time foi novamente derrotado, após um desempenho horrível

E daí? Sua vida tem tão pouca importância a ponto de sua felicidade depender do resultado de uma partida jogada por pessoas que lhe são completamente estranhas, a quilômetros de distância? Perceba que sua vida é muito maior do que o resultado de um jogo. Você está aqui para criar sua vida, em vez de deixá-la à mercê de jogos em que os outros são os protagonistas. Acorde, sinta o cheiro da chuva, veja as oportunidades, o potencial, o ilimitado e infinito potencial de sua vida. Acredite, tenho familiaridade com o que estou dizendo, e falo com a experiência de alguém que já foi escravizado emocionalmente por um esporte e por resultados de partidas. Os jogos são uma coisa saudável, mas só existe um jogo verdadeiro, e você faz parte dele: a vida.

## 5. Você andava tranquilamente pelas ruas quando foi abordado por um ladrão

E daí? O assaltante pode ter levado sua carteira e outros pertences, mas não levou sua dignidade. Se você acha que isso aconteceu, está equivocado, foi você que abriu mão dela. Os pertences não têm praticamente nenhum valor, se comparados à dignidade e ao autorrespeito. Na verdade, ao ser confrontada por assaltantes, a pessoa que tiver uma verdadeira dignidade e um verdadeiro autorrespeito entregará seus pertences de bom grado. Todo bem material vem e vai e pode ser reposto. A dignidade, uma vez perdida, jamais poderá ser a mesma novamente. E, se você sente raiva ao saber que alguém foi assaltado e assassinado, viverá na eterna agonia de uma raiva contínua, e as pessoas ao seu redor terão de suportar sua negatividade. Mas elas não aguentarão por muito tempo. O que aconteceu não é justo? E daí? Lembre-se de que tudo sempre retorna ao estado de equilíbrio e harmonia. Essa é a lei do universo. Seja sábio. Veja como a lei trabalha mesmo quando você está sendo assaltado!

## 6. Um colega de trabalho está fazendo corpo mole ou atrapalha deliberadamente

E daí? Abandone a expectativa de que todos devem ter um desempenho à altura exata das expectativas... das suas expectativas. Se o comportamento (ou o mau comportamento) de alguém o incomoda, e essa pessoa sabe disso, pode ter quase certeza de que ela continuará a se comportar desse modo, já que estará sob a ilusão de que controla seu estado emocional. Tudo isso significa que você ainda não aprendeu os princípios básicos da construção de um relacionamento. O respeito e a gratidão formam a base dos relacionamentos no ambiente de trabalho, e, se você está irritado com alguém, está desrespeitando essa pessoa e guardando rancor em relação a ela. Então, o que mais esperar como retribuição, além da continuação daquilo que você não deseja?

## 7. Os políticos mentem

E daí? Talvez isso ocorra, talvez não. Se eles mentem, é porque têm medo. Têm algo a esconder. Temem perder alguma coisa, em geral o poder. Ainda não perceberam que não podem se apegar a coisa nenhuma. Não notaram ainda que a honestidade gera confiança. E, caso tenham percebido, ainda não encontraram a força interna para agir honestamente. Mas você pode compreender que eles são um pouco ignorantes. Sua reação, portanto, deveria ser de compaixão. Do contrário, se os julgar e condenar, estará projetando seu próprio sofrimento neles. Esse é um claro sinal de que está camuflando a própria culpa ao agir, você mesmo, como um mentiroso. Está mentindo para você mesmo, mas provavelmente ainda não se deu conta disso. Na verdade, é você que está escondendo algo. Consegue perceber? Relaxe. Seja sábio. Trata-se do erro mais comum no mundo – mas isso não passa de um erro.

## Não fui claro?

*Se você tem um exemplo específico de uma situação ou circunstância que lhe provoca raiva e gostaria de obter uma orientação semelhante ou teve apenas uma compreensão parcial de qualquer um dos conselhos dados aqui, envie-me um e-mail: mike@relax7.com.*

### Caminho 4 – Dicas quentes!

Existem muitas maneiras de se libertar dos momentos de raiva que você mesmo cria. A seguir, um resumo do que foi tratado até o momento:

### 1. A aceitação é o caminho

Aprenda a aceitar as coisas e as pessoas do jeito que são, agora e sempre. Voltaremos a esse assunto mais tarde, mas é bom começar a praticar agora. No entanto, é bem provável que essa ideia, em si, aparentemente lhe provoque alguma irritação; nesse caso, terá muito trabalho pela frente. Está pronto para enfrentá-lo?

## 2. Foco no futuro

Esqueça o passado. Ele é como um arquivo cheio de pastas. Quando vai ao escritório, você passa o dia inteiro consultando o arquivo? Comece a prestar atenção em quantas vezes revive o passado. Primeiro, torne-se consciente de suas conversas e de como 80% delas referem-se ao passado. De modo consciente mas delicado, passe a focalizar o futuro em tudo o que pensa e diz. Mas não um futuro repleto de desejos, expectativas e necessidades. Construa um futuro em que você simplesmente vê que tudo dá certo.

## 3. Observe, aguarde e interprete

Quando estiver assistindo ao noticiário, associe todas as situações de conflito à raiva das pessoas. Então, veja se consegue perceber por que aquelas pessoas estão irritadas. Não as julgue nem as condene por motivo algum. Isso o ajudará a ter maior compreensão de você mesmo e dos outros e também a enxergar a verdade implícita em tudo e em todos. Não tire conclusões precipitadas. Não existem conclusões, apenas nuvens que mudam de forma constantemente. Nas nuvens, há figuras e formas, sempre. Aprenda a interpretá-las.

## 4. Autoaconselhamento

Pare de ofender-se, pois é isso que você faz quando se irrita com alguma coisa. Imagine-se aconselhando alguém que está determinado a ferir-se. O que você diria? Como poderia compreendê-lo? De que maneira "afastaria" essa pessoa de quaisquer danos? Agora, imagine uma conversa interior para abandonar o hábito de causar danos emocionais a você mesmo. Como seria essa conversa? Faça um esboço dela.

## 5. Recue quando for apropriado – mesmo que ainda esteja por perto

Em uma reunião, seja na cozinha ou no trabalho, tente permanecer em paz, porém alerta; mostre desapego, mas mantenha-se disponível; afastado, mas envolvido de modo proativo! Assim você tem o controle de suas reações. Aprenda essas habilidades internas: elas certamente mudarão sua vida. Visualize-as primeiro. Depois, pratique-as à exaustão.

## 6. Mantenha um foco positivo

Se a raiva é um hábito enraizado em você, procure encontrar, conscientemente, uma área da vida à qual possa dedicar seu tempo e energia de modo positivo. Isso equivale a privar uma planta de água: ela começará a murchar e morrerá. Faça o mesmo com a árvore de seus hábitos criadores de raiva, irritação e ressentimentos. O que você pode focalizar para afastar seus hábitos negativos?

## 7. Investigue a causa

Imagine que você é o Sherlock Holmes das emoções humanas. A cada vez que uma delas surgir, caberá a você encontrar a causa, o que a provoca. Há anos vem perseguindo o infame "traficante de sentimentos de raiva" e está prestes a encurralar esse indivíduo. Mais algumas pistas e seu caso estará solucionado. Use os cães farejadores para ajudá-lo a encontrar a causa de sua raiva.

## 8. Desintoxique-se

Pare de andar com pessoas intoxicadas. Para facilitar sua vida, descobrir a verdade sobre a raiva e mudar seus hábitos, não desperdice tempo com aqueles que estão constantemente reclamando, resmungando e choramingando. Mande-lhes lembranças, com suas desculpas por estar ausente. Jamais diga a alguém por que você quer ser outra pessoa. Saia de fininho e não tenha medo do que os outros pensam a seu respeito. Isso é problema deles, não seu.

## A ira dos deuses

Para encerrar o capítulo 1, analisemos as razões profundas pelas quais você cria a raiva na mente consciente. A raiva direcionada a alguém ou a algo é uma projeção de seu próprio sofrimento, da falta de harmonia interna. Antes de sentir raiva, você julgou e condenou alguém ou algo. Por que você julga e condena e então projeta neles seu estado emocional? Essa é uma forma de evitar encarar seus sentimentos reprimidos de culpa e vergonha.

A raiva é tanto uma defesa contra esses sentimentos quanto uma catarse motivada inconscientemente pela pressão desses sentimentos, vinda com o tempo. Por que abrigamos sentimentos de culpa? Por várias razões. Há dois tipos de culpa. O primeiro é a culpa aprendida de fora para dentro. O segundo tipo é a mensagem da consciência, de dentro para fora. Consideremos primeiro a culpa aprendida.

Para muitas crianças pequenas, a ira dos deuses em sua vida cotidiana está na raiva que os pais sentem. Lembra-se disso? É quando aprendemos a temer a raiva dos outros. Tudo começa quando a mãe ou o pai usa equivocadamente a própria raiva para provocar culpa na criança. Por quê? Porque a maioria dos pais, na infância, aprendeu que, quando provocava a raiva dos pais, "deveria" sentir-se culpado. Esse é um caso clássico dos "pecados cometidos pelos pais que estão sendo revisitados pelos filhos". A mensagem é agravada pelo prazer dos pais no momento em que o filho sente culpa ou vergonha, não importa sob qual forma. Então, o pai ou a mãe dá um tapinha silencioso nas próprias costas, dizendo: "Graças a Deus estou sendo entendido, ele está aprendendo com o erro, à sua própria maneira. Que ótimo professor eu sou!".

Na verdade, tudo o que a criança aprendeu foi a criar culpa e vergonha, estados emocionais altamente debilitantes. Dali a algum tempo ela passará a se identificar com esses estados emocionais à medida que eles se incorporam à sua autoimagem e às crenças que tem sobre si mesma. Não é de surpreender, portanto, que a personalidade da criança seja facilmente dominada por uma paralisia emocional duradoura. Então, a dor provocada pela culpa e pela vergonha ficará oculta por meio da repressão ou será projetada para fora na forma de uma raiva direcionada aos outros: seja em *playgrounds*, seja entre um grupo de adolescentes, seja mais tarde, como um "funcionário problemático" no ambiente de trabalho. Quando essa distorção emocional precoce não se expressa por meio de uma violência manifesta, passa a corroer o autorrespeito e a autoestima do indivíduo, da mesma forma que as infecções virais, frequentemente fatais, destroem os órgãos internos do corpo. Com o tempo, tal distorção se mostrará fatal em relação ao autocontrole e à sua capacidade de ter um relacionamento aberto e livre com as pessoas. Poderá até mesmo sabotar conquistas em potencial, a despeito de habilidades e talentos que tenha desenvolvido.

O uso da raiva como tentativa de fazer o outro se sentir culpado é, em si, uma das formas predominantes de violência. Os pais tentam manipular, gerentes tentam motivar e as instituições religiosas tentam controlar as pessoas por meio da raiva, sem a mínima consciência de que estão sendo violentos. Seus condicionamentos religiosos talvez o tenham convencido de que você provocará a ira de Deus porque é um pecador por natureza e, por sua simples presença na Terra, é culpado; e, se alimentar um pensamento minimamente lascivo, negativo ou que expresse desejo em relação a alguém, deverá sentir vergonha de si mesmo. Se a raiva explícita não for empregada para evocar tais sentimentos, uma versão mais amena de raiva, como um olhar de reprovação, pode ser o suficiente para desencadear um sentimento ameaçador de culpa e de vergonha em outra pessoa, alcançando-se, com isso, uma espécie de obediência.

Assim, é possível afirmar que o uso da raiva para provocar a culpa é um sinal de preguiça por parte de certos pais; ou de administração preguiçosa em uma empresa; ou de prática preguiçosa, e, portanto, não iluminada, em uma instituição religiosa. O uso da raiva como uma tentativa de fazer alguém se sentir culpado, mal, simplesmente desestabiliza o relacionamento, causando a separação. No entanto, em certas empresas e países, essa atitude parece ser aceitável culturalmente. Em algum momento do passado, a culpa e a vergonha foram consideradas emoções saudáveis. Isso talvez tenha ocorrido por haver uma crença implícita de que a vingança sutil, motivada pela manipulação emocional, é aceitável. O criador da raiva, que a usa para provocar a culpa, está iludindo a si mesmo ao dizer: "Já que você me fez sofrer (me fez sentir raiva), farei com que também sofra (culpa)". A única solução é a percepção espiritual, segundo a qual, como já foi dito, ninguém jamais "faz" você se irritar. Uma vez percebido isso, os jogos de chantagem emocional poderão acabar e ambas as partes serão capazes de partilhar seu poder e vencer a autossabotagem. Em geral, uma delas terá de tomar a iniciativa.

Por outro lado, o sentimento de culpa originado na consciência é o que se pode chamar de uma culpa mais saudável. A função dele é lembrá-lo de que agiu contra a lei. Não contra as leis da sociedade, mas contra as leis da vida. Existem leis invisíveis, em um nível espiritual, que controlam a vida. Uma delas é a lei do amor. Ao viver em harmonia com a lei do amor, você adquire a consciência da unidade de todas as coisas. Por quê? Porque a unidade é a condição para a existência do amor. O amor une. Quando você perde essa consciência da unidade, é como se deixasse de estar, de ter intenções, de pensar e de agir em harmonia com a lei. Sua consciência sabe disso. É como se estivesse contrariando seus próprios princípios. Você sabe disso. É capaz de sentir isso. E a mensagem é um tipo de culpa mais sutil, que se sente mais "à vontade", do que a culpa aprendida.

Ao pensar ou dizer algo negativo a alguém, é como se estivesse criando uma separação entre você e essa pessoa. Está rompendo a união e o amor naturais entre dois seres. Talvez seja por isso que sua consciência pese um pouco, mais tarde, quando lhe envia uma mensagem de "arrependimento" para dizer que tentou violar a lei. Se fizer isso com demasiada frequência, e por muito tempo, isto é, ignorando a voz da consciência, ficará desorientado em relação às leis do amor e da vida. Progressivamente, terá maior dificuldade para saber o que é certo e praticá-lo. Os sentimentos de culpa crescerão no subconsciente, tanto a partir dessa culpa aprendida externamente quanto da culpa criada internamente, e a autoimagem será desenvolvida em torno de frases como: "Sou uma pessoa que sente culpa e vergonha". Essa imagem, em si, contraria os princípios daquilo que você realmente é, no nível mais profundo, o espiritual. E, consequentemente, torna-se ainda mais negativa. O sofrimento e a dor da culpa e da vergonha transformam-se, de uma hora para outra, em um pesado fardo interior. Para alguns, é um fardo difícil de carregar, e mais ainda de admitir. Nesse ponto, talvez você se veja criando maneiras de evitá-lo, identificando-se, por exemplo, com alguma questão que envolva a injustiça no mundo, tornando-se obcecado por algo ou alguém ou simplesmente trabalhando demais e até tarde. Conseguimos ser bastante criativos quando queremos evitar algo.

Seja qual for a causa desses sentimentos ainda subconscientes (situados fora dos limites de sua consciência diária), a raiva que você dirige àquilo que vê acontecer no mundo torna-se outro modo de se defender da necessidade de enfrentar tais sentimentos. Mas, na verdade, todos eles se baseiam em ilusões. É a ilusão de que "Sou uma pessoa RUIM", a ilusão de que "Sou CULPADO e deveria sentir VERGONHA de mim mesmo". Não, não é, e não deve! Mais uma vez, se eu puder convidá-lo a enxergar de um ponto de vista espiritual, poderei lhe mostrar que, apesar das crenças que aprendeu sobre si mesmo, a verdade é: você é um ser que consiste numa eterna fonte de amor, paz e luz neste mundo. Simplesmente perdeu, temporariamente, essa visão verdadeira e essa consciência de si mesmo. Como sei disso? Hoje me conheço. Sei que minha verdadeira natureza é de paz e de amor. Sei que posso conectar-me com minha natureza autêntica e viver a partir dela, no momento em que desejar, independentemente do que acontecer comigo. E agora tenho consciência de como perco essa conexão. Isso me permite compreender de que modo os outros sucumbem às mesmas ilusões e caem nas mesmas armadilhas da culpa e da vergonha. Sei como você perdeu a consciência verdadeira de quem é e posso lhe apontar o caminho de volta para ela. Uma observação, no entanto: leva tempo para enxergar e compreender a razão mais profunda da raiva, seja qual for sua forma. São necessárias uma curiosidade e uma contemplação tranquila, paciente e voltada para si, para que consiga enxergar a "causa verdadeira". Como você vê, é um assunto profundo, mas não a ponto de não poder ser compreendido e esclarecido. E, quando isso acontecer, poderá ajudar os outros a fazer o mesmo. Mas, antes de tudo, faça você, somente você!

Agora, pare alguns instantes para refletir sobre o que você "viu" e percebeu até aqui, no capítulo 1, ao responder às questões da página seguinte.

## Era uma vez...

*... um homenzinho que se considerava capaz de mudar o mundo. Ele bufava, buzinava e dava berros, tentando fazer as outras pessoas, e seu povo, agirem da maneira certa. Escrevia cartas, fazia abaixo-assinados, liderava marchas de protesto e chegou a entrar na política! Então, certo dia, percebeu que o mundo que desejava mudar não era o mundo que precisava mudar. Queria mudar o mundo "lá fora", mas não se dava conta de que o "lá fora" não se encontrava realmente lá fora, mas "dentro dele". Descobriu que o mundo estava bastante bem do jeito que estava, mas sua "visão", sua percepção do mundo, é que lhe causava tanta angústia, sentimento que passou, assim, a projetar nos outros. Então, parou de tentar consertar o mundo "lá fora" e se concentrou na percepção de seu mundo "interior". Ao fazer isso, seu mundo interno mudou e, de modo paradoxal, o mundo exterior também mudou. E aí, sim, ele viveu feliz para sempre.*

## Aperte a tecla "pausa"

*Será útil se você puder parar um instante e responder a estas cinco questões. Separe alguns momentos para refletir sobre cada uma.*

1. Quais foram as duas ideias e *insights* mais importantes que lhe ocorreram após ler o primeiro capítulo deste livro?

2. Em quais situações específicas de sua vida você poderia aplicar o que conseguiu perceber?

3. Você se vê agindo de maneira diferente nessas situações? Como? (Visualize seu comportamento de forma bastante clara.)

4. Que tipo de questões específicas lhe vêm à mente após ter lido este primeiro capítulo?

5. Se houver um *insight* que talvez possa partilhar com alguém imediatamente, qual seria ele e com quem o partilharia?

Capítulo Dois

# POR QUE A PAZ É SEMPRE RESTAURADORA

*A rendição diante da solução*

### Um modo de abrir os olhos

A paz é a parte central do seu ser e também o poder da vida. Se você não voltasse regularmente ao seu coração, o coração espiritual, para alimentá-lo com a paz interior, estaria o tempo todo exausto, esgotado, hiperativo e verdadeiramente dependente da pressa e das preocupações. Por sorte, ainda não está mostrando nenhum desses sinais... ou está?

A paz é uma dessas palavras que parecem ter perdido seu sentido real, seu verdadeiro significado. A paz real não consiste na ausência de guerra nem na resolução do conflito entre dois lados. A paz autêntica é uma condição do ser, que dá forma a um estado de espírito, que cria pensamentos positivos e concentrados, que se manifesta por meio de atitudes e comportamentos proativos.

A paz é a aceitação das coisas exatamente como são, equilibrada com o reconhecimento de que tudo sempre pode ser melhorado no futuro. A paz é a aceitação do ponto de vista do outro, ainda que você não concorde com ele. A paz só é possível quando a causa de toda ausência de paz se desintegra numa pessoa. Antes de mais nada, ela é pessoal, apenas então poderá ser um desejo para outrem. A paz é sua natureza eterna e imutável, sua verdadeira natureza. Todos nós perdemos o contato com nossa verdadeira natureza.

Então, o que vem primeiro: a paz ou o perdão? É verdade que o autoperdão e o perdão aos outros é capaz de proporcionar a paz interior. E também é verdade que, quando você aprende a perdoar de fato, aprofunda a qualidade de sua paz interior. É verdade que, ao descobrir a paz interior, que habita sempre seu coração, e ao conhecer e viver a verdade dessa paz, o perdão se torna desnecessário. Por quê? Porque terá percebido, então, que ninguém jamais pode feri-lo, jamais pode perturbar a paz que há em você.

Quando você se reconecta com a paz interior, também é capaz de enxergar claramente não com os olhos físicos, mas com o terceiro olho. A presença da paz implica a ausência de distúrbios emocionais, e, quando há liberdade emocional, o olho interno não sofre com as interferências do mundo externo ou com as memórias do mundo interior. É então que o terceiro olho, o olho do intelecto, é capaz de "enxergar a verdade".

Com a mente e o coração em paz, seu olho poderá cumprir sua verdadeira função, que é discernir entre o certo e o errado, entre o verdadeiro e o falso, e tomar boas decisões.

Você será capaz, então, de discernir três coisas:

1. O verdadeiro do falso – não na forma de julgamento, mas com uma compreensão profunda e real.
2. Qual é o verdadeiro caminho a seguir e as atitudes corretas a serem tomadas nas situações cotidianas.
3. Como assumir total responsabilidade pelo que você pensa e sente, em qualquer momento e lugar, independentemente das circunstâncias.

Isso fará do restabelecimento da paz algo importante! Portanto, cuidemos primeiramente da paz e deixemos o perdão para depois. Então você poderá decidir qual será o seu caminho de volta para casa.

## Dois corações

*Você tem dois corações: um físico e um espiritual. Neste livro, o coração ao qual me refiro com maior frequência é o espiritual. Ele, na verdade, é você. Pode também ser chamado de alma – o que você é, no fim das contas. Como ser espiritual, como alma, você tem consciência. Já teve plena consciência do conteúdo de seu coração, ou seja, o amor e a capacidade de ser amoroso em todos os momentos, a paz e a capacidade de estar sempre em paz, a alegria e a capacidade de ser feliz em todas as situações. A total consciência de seu verdadeiro coração simplesmente foi perdida, obscurecida por uma total preocupação e obsessão com as coisas materiais e externas da vida, sobretudo com o seu corpo e o corpo dos outros. Cada coração humano se sente como se tivesse sido partido e, em muitos casos, gravemente ferido. Se você acessar www.relax7.com/articles e ler* **The True Toy Story** *[A verdadeira história do brinquedo], compreenderá mais profundamente a razão. Enquanto isso, será útil, como prática, visualizar o perfeito coração espiritual. Que sensação ele lhe traz? Que aparência tem e que efeitos provoca ao tocar as pessoas no mundo?*

## Escolher a paz

Se a raiva consiste em fazer guerra, a paz constrói o oposto da guerra. Ela é a base da harmonia pessoal e coletiva. Trata-se de uma escolha clara e simples, que está ao alcance de todos nós, a cada momento do dia. A maioria das pessoas optaria por um mundo de paz, mas passa a maior parte do tempo em conflito com a própria mente e também em seus relacionamentos pessoais. Grande parte escolheria uma vida de paz, e muitos tentam levar esse tipo de vida, mas são enfeitiçados pela velha crença de que a raiva não é prejudicial ou são influenciados pelos belicistas, que estão em toda parte: são aqueles que ficam irritados por qualquer motivo, independentemente da dimensão do problema. Inconscientes do que está na origem de sua raiva, eles encontrarão mil motivos para justificá-la. Sua confusão emocional é tão profunda, e sua dependência emocional tão poderosa, que provavelmente zombarão da ideia de que a raiva é uma forma de ausência de poder, ao mesmo tempo que se referem à paz como um tipo de fraqueza.

Ao escolher a paz, você também escolhe libertar-se do sofrimento. Porém, para viver e sustentar essa escolha, é preciso redescobrir a **localização** de sua paz, a **verdadeira natureza** de sua paz e **como usar** o poder da paz.

Pare um momento e observe a natureza. Veja as árvores, as flores, repare na grama. Tudo acontece de modo natural e tranquilo. A paz é o estado natural da natureza. Ela cresce, floresce, murcha e morre com paz e em paz. Mesmo os elementos da natureza são pacíficos, até o momento em que tentamos controlá-los e interferir em seu equilíbrio e harmonia. Observe agora as atitudes dos seres humanos. A imensa maioria deles, jovens e velhos, quando não estão agrupados, mesmo nestes tempos confusos e sem paz, age em paz e expressa sua natureza, que é pacífica. Sua natureza se manifesta por meio de pensamentos e atitudes repletas de paz. Assim como a natureza, as pessoas são natural e essencialmente pacíficas. A menos, é claro, que sejam "tomadas" por crenças perniciosamente erradas sobre a raiva, que já expusemos e exploramos antes.

A natureza de todas as coisas reside em seu interior. No caso do *Homo sapiens* (você e eu), isso significa que ela reside dentro do seu ser. A natureza do ser humano está na consciência do ser. Ou seja, mais uma vez, você e eu, porque temos consciência. Para todos os efeitos, o *self* é a consciência.

A maioria das pessoas, em algum momento da vida (e, felizmente, isso significa todos os dias para muitos), já experimentou e expressou essa natureza de paz. Ela é muito natural, apenas não a percebemos. O que notamos de imediato é o momento em que nos tornamos antinaturais, ou seja, estressados, com medo e com raiva. Porém, essas nuvens emocionais sempre passam, e no final retornamos ao nosso *self* de paz. Sim, é verdade, algumas pessoas parecem estar o tempo todo mal-humoradas, ansiosas e com raiva de algo. Há certos dias em que temos a sensação de viver sempre no limite e recair incessantemente num estado de frustração e de raiva. Mas, mesmo nessas ocasiões, longe do olhar dos outros, em algum momento relaxamos e encontramos alívio em nossa própria natureza de paz. Ao final de um dia agitado, quase todos voltam para casa e fazem o quê? Sentam, relaxam e ficam em paz.

Na verdade, assim como você volta para casa no fim do dia, continuará tentando retornar ao estado que intuitivamente sabe ser verdadeiro e bom: a própria paz interior. É como se soubesse que é aí que encontrará o poder de sua vida, de sua natureza. É como se soubesse, intuitivamente, que a vida só tem valor se você estiver em paz consigo mesmo. É como se soubesse que só pode ser poderoso quando, antes de mais nada, está em paz. É como se sempre soubesse que a paz interior é a base absoluta de uma vida feliz e plenamente realizada.

Também podemos nos basear em alguém que conhecemos que conduziu sua vida em paz, mas não de modo submisso. Viveu em paz, relacionou-se com os demais sem medo ou raiva e permaneceu, de maneira geral, positivamente em paz. Lembramo-nos dessa pessoa muito mais do que daqueles que costumam perder as estribeiras, permitindo que a névoa vermelha obscureça sua visão. A paz dessa pessoa causa uma impressão mais profunda e duradoura. E, quando estamos diante de alguém que é genuinamente positivo e bom, tendemos sempre a permitir-lhe que entre em nossa vida com mais frequência e nela permaneça por mais tempo. É por isso que pessoas assim deixam marcas mais profundas em nosso coração.

Portanto, a paz consiste na natureza essencial da natureza e na natureza original, verdadeira e inseparável do ser humano. Mas, se a paz é a nossa natureza verdadeira, se está sempre presente no centro do *self*, por que não a conhecemos, não a sentimos nem a usamos com maior frequência?

## A prova viva

*Você pode provar a si mesmo que a paz está sempre presente em seu interior. Reserve um momento para sentar calmamente e visualize em sua tela mental algo que represente a paz para você: o pico de uma montanha, um lago tranquilo, talvez um oásis distante. Com serenidade, mantenha essa imagem na mente. Repare na sensação de paz que isso lhe traz. Note como o sentimento não provém da imagem, mas da energia de sua consciência que está criando a imagem. Familiarize--se com sua paz interior ao praticar esta visualização. Então, quando estiver pronto, evoque a paz sem a imagem. Perceba*

> *como ela penetra agora em sua consciência a partir do âmago do seu ser. Sinta uma enorme sensação de paz – apesar de estar alerta – tomando conta de você, veja como está calmo porém alerta. Pronto para agir e interagir a partir de um ponto em que há paz interior. Não parece ser tão simples assim... Mas é!*

## Por que não sentimos a paz

Antes de poluirmos os ecossistemas e os sistemas biológicos do planeta, permitimos que agentes poluentes obscureçam e envenenem o sistema de nossa consciência. Isso nada tem a ver com efluentes industriais, mas sim com os efluentes das identidades múltiplas.

Em sua origem, todas as coisas são novas, puras e frescas, e, assim como a natureza já foi um dia 100% nova e perfeita, nossa consciência também era. Uma consciência pura conhece a si mesma apenas como ela é verdadeiramente, como seu próprio *self*! A característica fundamental ou a condição original de uma consciência pura, ou *self* puro, é a paz. O caráter integral ou unidade interna do *self* também indica que não havia confusão entre coisa alguma, sobretudo em relação a "quem eu sou". Em algum momento do passado, passamos a nos identificar com aquilo que não somos: no início, com nossa forma física, e, posteriormente, com coisas externas, como extensões de terra, cargos, posses e pessoas. Essa multiplicação de identidades produziu uma série de imperfeições em nosso senso de integridade, criando uma sensação inicial de ilusão e confusão. A partir daí, nossa paz interna foi perturbada, perdendo-se em nuvens de pensamentos multidirecionais carregados de preocupação, bem como em furacões emocionais, tudo isso moldado por diferentes identidades. É por esse motivo que tantas pessoas hoje em dia sofrem de crise de identidade. Porém, estão tão acostumadas a viver assim que mal se dão conta de que é uma crise. Elas não têm certeza quanto ao que deveriam ser. Comparam-se constantemente com os outros. Desejam ser como os outros. Chegam até a imitar o estilo de vida alheio. Tudo isso indica que elas não sabem o que são. E, se acham que têm certeza sobre quem são, a estabilidade contida em tal certeza não dura muito, uma vez que está quase sempre baseada em "algo" externo ao *self*, algo que está, portanto, sujeito a mudanças. Em outras palavras, cada um de nós aprendeu a identificar-se com algo que não corresponde ao que somos.

No nível espiritual, essa perda da identidade real é que cria o medo. E, quando aquilo que tememos realmente acontece, sentimos raiva e tentamos controlar o que não pode ser controlado, para que não aconteça de novo.

No instante em que o *self* perde a consciência do verdadeiro *self*, perde seu senso de identidade em meio a algo que não existe. A viagem para longe do *self* leva-nos a uma crise de identidade, que por sua vez se torna uma crise coletiva. É isso que causa todo o sofrimento e ausência de paz tanto no mundo interior quanto no exterior. Tudo pode vir à tona de infinitas maneiras, tais como a dependência, os diversos tipos de abuso e a indigência, que são formas de tentar amenizar o sofrimento emocional provocado pela crise de identidade.

Simplesmente não sabemos quem somos nem o que somos. É como se trilhássemos um longo caminho e entrássemos numa selva confusa. Estamos perplexos, lutando para buscar clareza e soluções para o nítido estado de inquietação e perturbação em que o planeta se encontra. Como resultado, criamos em conjunto um mundo extremamente amedrontado, dominado pela raiva e sem paz. Nossa confusão interna e ilusões comuns se refletem no atual estado do planeta e na deterioração das relações humanas no mundo.

Porém não há apenas más notícias. A boa-nova é que o *self* original, sua natureza pura e pacífica, existe no interior de todos nós. Mantemos um núcleo original no qual a paisagem interna e a luz que a ilumina estão eternamente em paz. Para alcançar essa paisagem, não leva mais que um segundo e não há distância nenhuma a percorrer. O método para isso você já conhece: é a meditação.

A meditação não é a negação do mundo exterior nem uma forma de evitá-lo. É um processo de cura para o mundo interior. Ela lhe permite eliminar as ilusões de suas várias falsas identidades, baseadas em coisas externas, como cargos, poder e posses. Por meio dela você redescobre o verdadeiro senso de identidade, na condição de ser integral e completo que sempre foi. Uma vez feito esse trabalho, o mundo exterior passa a refletir tudo isso.

## Por que sua identidade é seu destino

*É surpreendente como tão poucos conseguem perceber plenamente a associação entre identidade e destino. Trata-se de um processo simples de ver e compreender, mesmo no dia a dia. Se você acorda mal-humorado, significa que enxerga a si mesmo como uma pessoa mal-humorada. Talvez pense e diga, às vezes: "Estou mal-humorado hoje". Isso revela que sua identidade está baseada no mau humor. Então, você filtra o mundo através de seu mau humor; o mundo parecerá, assim, um lugar mal-humorado. Como consequência, seus pensamentos são influenciados pelo mau humor, você cria uma postura mal-humorada e passa aos outros uma energia mal-humorada. Eles, por sua vez, provavelmente reagirão com o mesmo mau humor e talvez o evitem por completo. Portanto, seu dia acaba tendo um desfecho... não muito positivo! Transponha agora esse mesmo processo para a vida, em uma escala quase ilimitada. Olhe ao redor e verá um reflexo de como você se enxerga. Suas circunstâncias, seus relacionamentos e os acontecimentos do dia a dia são refletidos no modo como você se vê. Você é uma pessoa mal-humorada?*

## Como saber que a paz já existe em você?

Na verdade, a pergunta deveria ser: "Como faço para me reconectar com meu núcleo interior?". Depois de passar pelo que aparenta ser uma vida inteira de medo, raiva e tristeza, de que modo você poderá perceber-se como um ser inerentemente em paz? Como saber que sua verdadeira natureza é de paz e que seu coração espiritual é uma fonte de paz? Somente por meio da experiência direta, que tem sido o objetivo da meditação há milhares de anos. Na viagem meditativa, a atenção é conscientemente desviada por certo tempo de tudo o que é externo e concentra-se no interior. À medida que você penetrar na consciência, o que indica que está se tornando autoconsciente, encontrará obstáculos e distrações que tentarão impedir seu progresso. Entre eles, padrões de pensamento que refletem memórias de experiências passadas, desejos e preocupações relacionados ao futuro. Surgirão, então, as vozes das muitas crenças aprendidas com os outros, quando você era jovem. Outros obstáculos internos e sutis incluirão pensamentos e sentimentos moldados por hábitos profundamente enraizados de se identificar com as coisas, as pessoas e os lugares que não representam você. O segredo para eliminar todas essas tentativas de barrar o retorno ao coração, à paz interior, é provavelmente uma das coisas mais importantes na meditação bem-sucedida: NÃO SE DEIXAR ENVOLVER por nenhum deles. A meditação significa, acima de tudo, aprender a não se envolver com seus pensamentos, mas separá-los de você e simplesmente observá-los.

Imagine-se caminhando ao longo de uma plataforma lotada, numa estação de trem. Você sabe que precisa chegar ao outro extremo da plataforma, onde terá de embarcar. Se alguém o aborda para conversar, você continua caminhando. Se parar, se atrasará e deixará de alcançar o trem, pois se envolveu com alguém na plataforma que está em busca de interações com novas pessoas. A meditação é exatamente isso. Do mesmo modo que não pode esvaziar a plataforma simplesmente porque tem de tomar o trem, você não poderá esvaziar a consciência de todos os pensamentos só porque deseja chegar ao lugar onde está sua paz interior. Pelo menos não até obter muita prática em meditação.

Lembre-se de que seus pensamentos, sentimentos e memórias não são o que você é, nenhuma das vozes em sua mente é o que você é. Você é o criador, e eles são sua criação, mas não são você. Na verdade, representam uma plataforma de pessoas completamente estranhas. Lembre-se de que nesse exato momento você não tem arrependimentos nem culpa, são apenas fantasmas do passado. E fantasmas não são reais. Neste exato momento, você não tem quaisquer preocupações ou medos em relação ao amanhã, pois eles também são fantasmas que habitam futuros imaginados. Você não é um fantasma, é bastante real, e habita apenas o momento presente, agora mesmo.

Ao iniciar a meditação, esteja preparado para se recusar a envolver-se por velhos pensamentos e lembranças. Deixe que eles venham e passem. Ao fazê-lo, terá uma sensação de calma cada vez maior, como se a paz interior estivesse vindo em sua direção. Como se estivesse sendo espalhada, pela plataforma de sua consciência, a notícia de que você não vai parar para ninguém no meio do caminho. Se, por uma perda de consciência momentânea, você começar a se envolver por um pensamento, lembrança ou preocupação, desligue-se e afaste-se assim que perceber isso. Talvez ajude dizer a si mesmo, eventualmente: "Estou voltando à paz que eu sou". Antes que se dê conta, perceberá que chegou lá, que recuperou a paz interior, e nesse momento saberá que está em paz. Estará em paz, estará com a paz e será a própria paz. E a sensação será algo que você não tem há muito tempo.

## Você está mesmo aqui ou em outra parte?

*Sim, é verdade, a maioria de nós vive num estado de ausência. Mostramo-nos ausentes centenas de vezes por dia! Observe seus pensamentos e perceberá que eles se dirigem para o passado ou para o futuro. E você permite que eles o carreguem junto. É por isso que raramente está verdadeiramente presente, aqui e agora, verdadeiramente neste momento. A maioria das pessoas não tem a mínima ciência disso e, como consequência, só desfruta plenamente uma pequena parte da vida. Se você aprender a meditar, aprenderá a estar aqui e agora. Aprenderá a conhecer a paz, a senti-la, a enxergá-la e a estar nela com amor, alegria e felicidade... agora. E logo esses sentimentos estarão presentes onde quer que você esteja e em qualquer atividade que faça. A paz, o amor e a felicidade não estão no passado nem no futuro, estão sempre no agora, somente no agora. Se a sensação que você tem neste momento não é de paz, amor e felicidade, isso quer dizer que não está aqui e agora. Trata-se de uma dessas verdades absolutas.*

## Cuidado, fique atento

Quando você chegar lá e se perceber em estado de paz, que corresponde ao que você é, cuidado com a "cilada", a "armadilha" e o "erro" comum cometido por todos os viajantes espirituais que meditam em sua "volta para casa".

### *A cilada*

Não demorará muito para que você depare com uma cilada. Imagine que você é o primeiro a descobrir o compartimento de luxo no trem. Logo, logo, algumas pessoas que ouviram falar de seu conforto se juntarão a você, querendo ocupar o mesmo lugar. Haverá até quem tente tirá-lo do assento para continuar o restante da viagem ali. A sensação de conforto funciona como um ímã. O mesmo ocorre com os velhos modelos de pensamentos, lembranças e preocupações, que se sentem, de algum modo, negligenciados; esses pensamentos desejarão ver e sentir aquilo que você acaba de descobrir. Esse é o momento de NÃO ignorá-los, mas deixá-los entrar, olhar diretamente nos olhos de cada um e transmitir-lhes sua paz. Ofereça-lhes o dom da paz. Ao fazê-lo, saberá se sua paz é verdadeira. Se for, eles desaparecerão com a presença poderosa de sua paz de espírito. Se não for uma genuína paz interior, eles o tentarão e o arrastarão de volta para a plataforma de sua consciência, que está se unindo a centenas de companheiros seus. Em pouco tempo, você estará perdido novamente em meio a uma perturbadora mistura de pensamentos. Quando isso acontecer, não se recrimine por ter falhado, simplesmente volte e retome seu assento; retorne para o estado de paz.

## A armadilha

Trata-se da tentação de se apegar ao sentimento de paz enquanto você tenta transformar o sentimento em algo estático, fixo e permanente. No momento em que fizer isso, será como se a paz estivesse fugindo, algo semelhante ao que fazem as pessoas quando você tenta transformá-las em propriedades. A meditação é o que você é, um ser de paz, em paz, sentindo a paz, mas sem tentar apegar-se a ela nem fazer dela uma finalidade. Isso é bastante sutil, é uma arte a ser aprendida com a prática da meditação. No instante em que tenta se apegar a qualquer coisa na vida, você a elimina, destruindo com isso sua paz interna. É uma forma de violência. Deixe seus sentimentos de paz mudarem de textura e de profundidade, assim como as cores do outono. Não alimente esperanças em relação a eles, não os julgue nem tente controlá-los. Logo perceberá que a paz será mais duradoura, tornando-se mais profunda. Enquanto isso, terá plena consciência de você e do mundo.

## O erro

O erro que muitos cometem ao meditar é o de sentir um orgulho sutil. É como se disséssemos: "Olhem para mim, estou no melhor assento do trem. Olhem para mim, consegui alcançar a paz. Não me saí bem?". Esse, certamente, é um daqueles velhos pensamentos autocentrados. Ao criá-los, você contraria os princípios de seu próprio *self*, de sua paz. Ser coerente com os princípios da paz significa perceber que sua paz não beneficia apenas você, mas o universo inteiro. Ela é feita para ser partilhada, irradiada, transmitida. Há aqui uma sutil constatação de que sua paz só pode ser mantida quando você a distribui para aqueles que não a têm. Ao se dar conta disso, você também reconhece a maneira como a vibração da paz é irradiada para o mundo externo. Ao partilhar a paz conscientemente com os outros e com o mundo, você sente o poder dela.

## Por que o movimento pela paz não é na realidade um movimento pela paz

*Quando as pessoas se juntam para criar a paz, raramente são bem-sucedidas, se é que isso acontece. A formação de uma organização ou de um movimento normalmente é estimulada por uma causa comum contra algo ou alguém. Está baseada na resistência e em uma raiva sutil (às vezes nem tão sutil assim) e, por esse motivo, só faz aumentar a ausência de paz já existente. Há apenas um jeito de trazer paz ao mundo, e isso não acontece através da identificação com quaisquer questões, criando causas justas para combater ou se tornando membro de um movimento de resistência. Somente estando em paz, pensando em paz, agindo e interagindo em paz é que isso ocorre. Ou seja, não deve haver mais resistência, protestos nem ressentimentos, jamais. Ah, sim, é necessária uma total aceitação das coisas como elas são, lembra-se? E não como "parecem" ser, mas como são! Fácil, não?*

## Os sete mitos em relação à paz

Para muitos, é difícil enxergar que a paz significa poder, em um mundo no qual o poder é definido por meio do *status* e de bens acumulados. A paz interior é um poder interior. Para poder compreender isso e viver plenamente essa experiência, é útil, de antemão, desfazer os inúmeros mitos relacionados à paz. Tais mitos obscurecem seu verdadeiro significado e nos privam da possibilidade de criar uma vida baseada na paz.

### Mito UM – A paz é simplesmente a ausência de guerra

*Obviamente, isso não é verdade.*
Embora possa não haver guerra no território que delimita dois países ou em sua zona aérea, nunca existiu tanto conflito em mesas de reunião de conselhos em todo o mundo. Nunca houve tanta raiva e frustração nas mentes humanas. O conflito interno não conhece limites ou fronteiras, mas apenas estados de ansiedade, que sabemos expandir com tanta habilidade quando nos alimentamos da ansiedade alheia.

### Mito DOIS – A paz é para palermas!

*Na verdade, o oposto é que é verdadeiro.*
No instante em que um líder perde o controle, deixa de ser um autêntico líder. A base de uma liderança eficaz é a capacidade de manter a calma interior, o que permite ter uma atitude positiva, receptiva e atenciosa. É impossível construir relacionamentos baseados no respeito e na confiança sem que

haja laços entre uma autêntica paz interior e sua personalidade. Se você tem o hábito de perder a calma, é sinal de que sua autoconfiança e autoestima estão baixas. Se sente necessidade de controlar e manipular os outros a fim de manter seu cargo ou *status*, isso indica que não são grandes o respeito e o valor que você se atribui. Se a autoestima e o autorrespeito não são grandes, a capacidade de respeitar os outros praticamente inexiste. Você não pode dar aquilo que não tem. E se, na condição de líder, não demonstra respeito e confiança, não poderá liderar. Intuitivamente, sabemos que perder a paz significa fracassar, e o fracasso só serve para sustentar os sentimentos de falta de respeito e a baixa autoestima. Quando perguntaram a William Hague, ex-líder do Partido Conservador da Grã-Bretanha, qual era a qualidade mais importante que o líder de um partido deveria ter, ele respondeu com base na experiência: "A capacidade de permanecer calmo quando todos estão em pânico".

### Mito TRÊS – Estar em paz significa submeter-se e permitir que os outros o façam de tapete

*Não. Isso se chama subserviência.*

A paz interior não implica subserviência. Mais uma vez, a verdade é oposta a essa ideia. A autêntica paz interior está na base da assertividade. A agressão é a transmissão da raiva. A submissão é a transmissão do medo. A raiva e o medo são dois sinais bastante comuns de fraqueza emocional. A paz representa força. A paz é a estabilidade interior diante de todas as circunstâncias, e é transmitida na forma de aceitação e respeito. O medo e a raiva andam em sentido contrário, enquanto a paz caminha a nosso lado, sem ser jamais submissa. A raiva soa como uma exigência; a paz, como um pedido, claro e conciso. O medo é facilmente intimidado e olha para os lados, ao passo que a paz olha diretamente no olho. A raiva é insubordinada e o medo divide; ambos falam de maneira hesitante, e raramente ouvem, mas a paz estabelece uma relação e uma comunicação que sempre se dão em mão dupla. O medo não consegue ouvir: a raiva é a única que fala. Porém a paz ouvirá duas vezes mais, pois busca a compreensão.

### Mito QUATRO – A paz significa que você perdeu e estendeu a bandeira branca

*Isso é tolice.*

Essa crença vale para quem ainda acredita na competição, que é a precursora do conflito e a criadora de uma contínua tensão. Vale para aquele que mantém dentro de si a velha e limitada mentalidade construída sobre a ideia de que há vencedores e perdedores na vida. Esse mito é sustentado por aqueles que ainda não se deram conta de que estamos todos juntos nesse jogo chamado vida. Trata-se de um jogo no qual os únicos inimigos são o medo e a raiva. A única coisa que realmente se perde é a paz interior, nossa verdadeira natureza interior, e, mesmo assim, ela não vai a parte alguma. Simplesmente perdemos a consciência disso no momento em que nos envolvemos em demasia, nos distraímos, nos apegamos e nos perdemos no mundo externo a nosso *self*.

Na verdade, estar em paz é uma vitória, e não uma derrota. É uma vitória sobre a ilusão de que temos de lutar, competir e batalhar pela sobrevivência na vida. Você, em algum momento, já conseguiu esse tipo de vitória? Ela é pessoal e uma das mais poderosas. É uma vitória na qual ninguém perde, pois, no momento em que você reconquista a paz interior, todos, até mesmo os que estão distantes, tornam-se também vencedores. Eles sentem sua paz e são alimentados por ela. Você pode perdê-la temporariamente, mas a paz nunca perde você. Há quem expanda essa perda momentânea ao longo de toda a vida, achando que a paz é feita para perdedores. Em algum momento, a ficha cairá, quando perceberem que estar em paz é o mesmo que partilhar seu próprio poder. E esse é o poder que lhe permite eliminar as ilusões e mudar hábitos antigos, incluindo todos os hábitos que se baseiam na ilusão de que é necessário competir para sobreviver. Quando você conhece a si próprio e sabe que paz significa poder, a sobrevivência deixa de ser uma questão importante e qualquer competição é vista como aquilo que realmente é: uma ação motivada pelo medo e pela ganância.

### Mito CINCO – Você precisa isolar-se do mundo para poder preservar sua experiência de paz interior

*De novo, o oposto é que é verdadeiro, especialmente quando você estiver iniciando sua viagem de volta à paz interior.*

Por quê? Durante certo tempo, você se acostumou à agitação mental (emoções), a distrações e estímulos. Assim como um dependente de drogas no início de um processo de desintoxicação, você constatará o aumento de seus desejos, caso decida isolar-se completamente do mundo do qual obtinha estímulos (mentais ou emocionais). É também por essa razão que o iniciante nos estudos da meditação normalmente fica frustrado em seus primeiros esforços, chegando mesmo a duvidar do valor da meditação. No início da prática, os hábitos mentais de dependência de estímulos externos ainda são fortes.

Ao iniciar a viagem de volta em direção à paz, será saudável ter idas e vindas: praticar meditação por um tempo e depois se perder em meio a atividades e compromissos. A seguir, voltar à meditação por um novo período e em seguida à ação, à interação etc. O processo é semelhante ao modo como aprendemos a dirigir, praticando uma hora por dia durante vários dias; no final, estamos aptos a ser motoristas. É mais difícil ter o domínio absoluto da meditação em doze aulas consecutivas do que em aulas de uma hora cada uma. A concentração e o foco exigidos são intensos demais, e, depois de duas horas, a aula começa a ficar contraproducente. O segredo é não fazer nada em medidas extremas. Tenha moderação em tudo, mesmo ao aprender a meditar.

## Mito SEIS – Só é possível ter uma paz interior verdadeira e profunda quando se está sozinho

*Isso é parcialmente verdadeiro.*

Aprender a estar em paz consigo mesmo em qualquer situação demandará alguma prática com o isolamento, situação na qual você pode estar totalmente concentrado na consciência do *self*. É por isso que um retiro ocasional é bastante útil. Porém, quando certas pessoas ouvem falar desse tipo de isolamento, dessa atenção dada às necessidades interiores, julgam que se trata de uma experiência incrivelmente solitária e, por isso, a temem. Ou então a veem como um tipo de busca auto-obsessiva e egoísta. Mais uma vez, a experiência mostra que o que acontece é o contrário disso. Se sua natureza, que é de paz, lhe der uma verdadeira sustentação, você também "sentirá" uma profunda ligação com os outros, não somente com alguns familiares e amigos de seu círculo íntimo, mas com todos. Ao redescobrir um estado interior autêntico, não é somente a unidade de todos os seres que você sente; passa também a perceber seu relacionamento energético com todos os seres e, com isso, sua contribuição singular para a paz e a harmonia dessa unidade. Essa contribuição é considerada tanto um privilégio quanto uma responsabilidade.

É interessante notar que, se sua motivação para buscar a paz interior for somente se sentir melhor, não estará claro que todas as outras pessoas se juntam a você nesse momento de consciência espiritual. Buscar a paz apenas para sentir-se bem é melhor do que ir atrás de uma noitada agradável para melhorar o astral depois de um dia agitado e cheio de crises. Porém a busca de alívio do sofrimento causado pela ausência de paz, não importa em que forma ela apareça, se transformará, no fim, em um obstáculo. Nada do que você possui na vida hoje – suas posses, seu emprego etc. – é seu. Essas coisas devem ser utilizadas por você em benefício dos outros. São presentes que você recebe para doar aos outros. O mesmo ocorre com o que você tem dentro de si. Não há dúvida de que a paz é sua, ela é você; mas, a menos que canalize o poder dessa paz e comece a distribuí-la, ela desaparecerá. Ela existe para ser usada. Assim como todas as coisas de natureza espiritual, quando você as usa para o benefício alheio: quando as distribui, elas crescem em profundidade e em qualidade.

### Mito SETE – A paz significa que nada está acontecendo. É como um estado de inércia

*Desculpe, mas, mais uma vez, é o contrário disso.*

Se você genuinamente habita sua própria natureza, seu estado natural de paz interior, nada de negativo acontece com você: está livre de toda ansiedade, desejo, medo e preocupações. Está completamente receptivo; no entanto, nada ou ninguém pode tocar em você, prejudicá-lo ou irritá-lo, não importa o que lhe digam ou façam. Se você tem a verdadeira paz interior, não há nuvens emocionais que obscureçam a visão de seu olho interno, e você é capaz de enxergar e compreender a profundidade e o significado de tudo o que ocorre a seu redor. Em consequência disso, as coisas realmente começam a acontecer. Nesse momento, percebe que a paz é o poder que você tem e passa a usar esse poder de mil maneiras. É aí que sua vida realmente começa.

A seguir, apresento uma maneira, talvez a mais importante delas, de certificar-se de que a paz significa poder. Veja como usar esse poder. Isso se chama criatividade.

Imagine-se perambulando selva adentro. Um tigre dá um pulo a trinta metros. O que você faz? O que a maioria das pessoas faria? Correria. Por quê? Medo. Quem cria o seu medo, o tigre? Ou você mesmo? Em um segundo e meio, você produz uma imagem em sua tela mental: seu corpo estendido em uma poça de sangue e o tigre fugindo com um de seus braços na boca. Então passa a usar essa imagem para amedrontar o resto de sua existência.

Mas o que mais poderia ter feito? Quais seriam as alternativas naquele momento? Você poderia ficar parado, poderia andar para o lado, muito, muito lentamente (sustentando um largo sorriso com os dentes cerrados!), subir numa árvore, apanhar um pedaço de pau e preparar-se para a luta ou rugir para o tigre e amedrontá-lo.

Para cada situação na vida, há sempre quatro, cinco ou seis alternativas a ser usadas como reação. Por que você não consegue considerar essas opções ao deparar com o tigre, por que não consegue criar diferentes possibilidades? Porque sua mente está tomada pelo medo, e com isso você perde a paz. Talvez não tenha percebido, mas é praticamente impossível ser criativo quando se está com medo ou com raiva. Só se pode ser positivamente criativo se a consciência estiver em paz, se a mente estiver em paz, se você se encontrar no estado natural de paz.

Além disso, depois de criar alternativas, consideradas por alguns como "um raciocínio sobre as possibilidades", você terá de avaliar a qualidade de cada opção e tomar uma rápida decisão, usando o olho do intelecto – de novo, uma tarefa interna impossível de ser realizada se o medo ou a raiva estiverem presentes. O intelecto não funcionará com eficácia se não estiver calmo, concentrado e estável.

Portanto, o que e quem são os tigres de sua vida? Quem é que, ao simplesmente caminhar pela sala, provoca sua ansiedade, irritação ou ressentimento? Agora, encare os tigres como seus mestres. É como se a presença deles pressionasse um botão dentro de você. Eles lhe dão a oportunidade de perceber que foi você, não eles, que pressionou o botão. E somente você pode desativá-lo. É você que destrói a paz de que precisa para criar e praticar a paz, para partilhar seu poder e criar uma reação positiva, proativa e plena de paz.

É possível que, assim como muita gente, você ainda não tenha percebido que o objetivo da vida é ser criativo. A felicidade mais profunda aparece no instante em que somos criativos com um objetivo definido. Você não veio ao mundo para "levar a vida", mas sim para criar sua vida. A criatividade está presente em todos os momentos. Se parar um instante para pensar, verá que tudo isso é verdade, pelo simples fato de que você é um ser pensante. Tudo na vida é resultado de seus pensamentos. A qualidade de seus pensamentos depende de uma coisa: da qualidade de sua consciência. Os pensamentos, as escolhas, as decisões e, portanto, o próprio destino, tudo isso flui a partir do seu estado de consciência. Se a paz está na base de tal estado, e você aprender a viver nesse estado o tempo todo, em qualquer circunstância, terá as melhores oportunidades para criar um destino positivo por meio de uma vida cheia de felicidade. Mas, se permitir que a raiva ou o medo interfiram em suas criações de vida, dia após dia, eles moldarão um destino que não é aquilo que você conscientemente escolheria. Consegue perceber?

Consegue perceber por que a paz interior está na base de tudo o que você cria? Espero que não se esqueça de que é você quem cria sua vida. Que não volte a alimentar a velha crença fatal de que "eles" é que modelam sua vida, de que são as circunstâncias, os fatos, os pais, o governo ou simplesmente o destino que fazem tudo isso por você. Todas essas coisas compõem o "contexto" real de sua vida, mas não criam seu destino. Elas podem moldá-lo, mas somente até quando você deixar que isso aconteça. O destino será definido pelo modo como reagir à vida, e essa reação será sempre de sua inteira responsabilidade. Assim que conseguir enxergar isso, estará livre novamente. Pode parecer uma tarefa árdua, sobretudo considerando que você tem sido condicionado a crer que são "eles", e não você, quem cria sua vida. Mas isso, em última instância, é a liberdade. Faça as pazes com essa verdade, seja um aprendiz humilde e restabeleça as bases de sua paz interior e profunda. Aprenda a pensar e a agir em consonância com essa paz. Aprenda serenamente, com avidez e com o coração, a assumir a responsabilidade pelas experiências vividas em cada momento, a cada dia.

## Raciocínio rápido de uma mente presente

*Muitos anos atrás, um amigo meu voltava para casa tarde da noite, pelas ruas de Nova York. Quando entrou em um beco, foi abordado por três rapazes. Dava para ver, pela linguagem e comportamento deles, que seria assaltado. Quando os três se aproximaram, ele colocou as mãos para o alto e disse: "Ei, esperem, vou cantar e dançar para vocês". Diante dos assaltantes em potencial, que reagiram de modo atônito e desconcertado, começou a cantar e a dançar. Enquanto fazia isso, ia se aproximando deles, e então se distanciava, e de novo se aproximava e se afastava. Na segunda vez em que se afastou, parou de cantar, correu beco afora e fugiu. Não foi bacana essa atitude? Como ele conseguiu fazer isso em uma situação em que a maioria da pessoas teria sido paralisada pelo medo? Ele teve o que alguns chamariam de presença de espírito, ou ainda paz em sua mente, o que lhe permitiu criar e aplicar uma estratégia instantânea que o poupou de um sofrimento físico. Ele meditava diariamente havia mais de vinte anos.*

## Construir a paz

Gostaria de fazer algumas suposições. Vou supor que, a essa altura, você compreende a irracionalidade, a inutilidade e a insanidade da raiva. Vou supor que agora está mais consciente, mais receptivo, mais aberto à ideia de que a sua natureza é de paz e que, quando se acha em paz, está potencialmente em seu momento mais poderoso e mais criativo. O que fazer para encontrar essa paz, viver essa paz, fazer com que ela seja real em sua vida?

Tenho certeza de que não lhe disse nada de novo quando do afirmei que o método mais antigo e mais eficaz é a meditação. No entanto, se isso é verdade, você poderá dizer: "Mas, se a meditação é uma prática tão eficaz para encontrar a paz, por que tão poucas pessoas a praticam?". Há uma série de respostas para essa pergunta.

## 1. Uma paz falsa

Para a maioria das pessoas, a ausência de paz não é o suficiente para perceberem que estão sofrendo na vida e que podem fazer algo a esse respeito. Como vimos antes, todos nós nos tornamos dependentes de algum tipo de estímulo externo, sensorial – o estímulo da mídia, das fofocas dos amigos, da personalidade de alguém, de uma droga ou mesmo de uma conquista. Todos esses estímulos induzem a uma percepção falsa de paz ou alegria, pontuando uma vida marcada pelo estresse, com longas pausas para o café. Elas pensam: "Por que devo meditar para encontrar a paz, se as "pausas para o café" parecem me levar a ela com certa regularidade? Por que parar e penetrar em mim quando o mundo externo proporciona o alívio necessário?". Na verdade, essa é metade da resposta: "alívio" é tudo o que se busca, alívio do sofrimento causado pelos pensamentos carentes de paz e da inevitável montanha-russa de emoções que aparece quando a paz tem origem em fontes externas. No final, o poder das formas estimuladas de alívio se enfraquece, e essas pessoas passam a buscar maneiras mais poderosas de obter esse alívio.

Olhe ao redor e verá o indivíduo que busca compulsivamente as conquistas, o que estabelece objetivos de modo obsessivo, os *gourmets* desvairados, os telespectadores gordinhos (que são o oposto dos vigilantes do peso) – todos eles dependentes de algo que lhes proporcione rapidamente um pouco de alívio! O sofrimento causado pela dependência não chegou ainda a um nível de desespero tal que percebam, por fim, que os estímulos não estão tendo efeito e que são, na verdade, contraproducentes e podem matá-los. Mas isso acontecerá um dia. E só então ideias como meditação, visualização e autorreflexão serão acolhidas em sua vida repleta de estresse. Foi exatamente o que aconteceu comigo!

## 2. Amigos falsos

Certo dia as pessoas acordam e percebem que precisam penetrar em si mesmas em vez de sair para o mundo, a fim de mudar sua qualidade de vida. Então, buscam métodos de desenvolvimento pessoal que inevitavelmente as conduzirão à meditação. Mas tão logo contam aos amigos, à família ou aos colegas que estão experimentando contemplar a vida, o universo e tudo o mais na posição de lótus, passam a evocar imagens estranhas, e são ridicularizadas, tornando-se alvo de zombaria e de pouco-caso. Começam, então, a acreditar naquilo que ouvem, a crer que o que estão fazendo é tolice, até que largam a atividade e retomam a normalidade de seus relacionamentos.

Por isso, se você decidir envolver-se com alguma forma de desenvolvimento pessoal ou de prática espiritual, é sempre melhor não dizer nada a ninguém. Dê continuidade à sua prática, sem alarde. As pessoas têm medo de que você mude. Isso significa que a zona de conforto delas – segundo a qual você vive e se comporta de um modo a que estão acostumadas – talvez tenha de mudar. Daí por que elas tentam jogar um balde de água fria em sua motivação. Bons amigos sempre lhe darão apoio e estímulo. Podem até se juntar a você na iniciativa. Mas é melhor não dizer coisa alguma até que esteja bem avançado em seu caminho.

### 3. Prioridades falsas

Há ainda aqueles que tentam praticar um pouco de meditação e chegam à conclusão de que simplesmente permanecer sentado é uma maneira de não fazer nada. Foram ensinados a acreditar que a vida sempre implica "fazer coisas". Se não estiverem correndo para cima e para baixo atrás das coisas, não estão vivendo. Assim, concluem que se concentrar verdadeiramente no *self* interior é perda de tempo e não merece prioridade, ao passo que prestar atenção nos outros e opinar sobre suas vidas é um investimento de alta prioridade. São pessoas dependentes do "fazer coisas", dependentes da pressa, que vivem fugindo delas mesmas. E assim termina sua prática meditativa, se é que chegaram a começar. É altamente provável, no entanto, que um dia seu trem saia dos trilhos e elas percebam que o "ser" antecede o "fazer", que não é possível mudar o modo como se "faz" a vida opinando sobre a maneira como os outros conduzem a deles. Subitamente, novas prioridades aparecerão. E talvez elas incluam em sua rotina alguns momentos diários de contemplação e a percepção de que as rosas existem e estão aí, para que sintamos seu aroma!

### 4. Provas falsas

Ao começar a meditar com seriedade, você passa a fazer uma viagem interna em direção à própria consciência. Aumenta a percepção em relação ao que se passa em sua mente, intelecto e memória, as três faculdades da consciência. É como quando você abre aquele armário de casa que só é aberto uma vez por ano. Olhando para dentro, vê um monte de entulho e: a) não gosta da aparência daquilo tudo; b) não tem vontade de fazer uma limpeza geral; e c) é como se soubesse que, ao começar a arrumação, ao mudar tudo de lugar, vai descobrir ainda mais entulho sob as coisas. Tudo parece bagunçado demais, uma tarefa excessivamente árdua. Então, é melhor fechar a porta e preparar mais uma xícara de chá!

O mesmo ocorre quando você faz uma viagem interior. Os armários da mente estão abarrotados de entulho e, em breve, tomar outra xícara de chá parece ser, novamente, o melhor meio de relaxar. É por isso que é bom ter um professor de meditação – alguém que já limpou os próprios armários internos. Alguém que o ajude a reconhecer sua sujeira interna e a ver que aquilo que parece ser entulho, que parece negativo e sombrio, não tem nada disso. Ele pode lhe mostrar as ilusões a partir das quais você cria suas próprias ilusões e confusões. E saberá como fazê-las desaparecer em um instante. Pelo menos no início, é sempre aconselhável ter um professor de meditação para lhe dar apoio. Tente arrumar um.

## 5. Um método falso

Quando você aprende a meditar, o método talvez venha acompanhado por alguma compreensão do *self*, da consciência, de seu papel e objetivo. Talvez você se perceba iniciando um caminho espiritual com práticas diárias que podem aperfeiçoar a meditação. Essas podem incluir aspectos sobre a alimentação, padrões de sono e como colaborar com os outros.

POR QUE A PAZ É SEMPRE RESTAURADORA

Talvez tudo tenha a aparência de um pacote religioso que você está sendo pressionado a adquirir. Por isso, cabe esclarecer a diferença entre religião e espiritualidade. A religião normalmente oferece um conjunto de crenças que você deve abraçar (caso contrário, haverá consequências), ao passo que a espiritualidade enfatiza um processo de mudança pessoal, em que a própria experiência é a principal medida do progresso – não tem a ver com quão bem você recorda ou recita os credos. Quando você inicia qualquer caminho espiritual, ou aprofunda os estudos sobre uma sabedoria espiritual, o fato de existir uma prática meditativa diária é um dos sinais da autenticidade dos ensinamentos. Isso significa que há uma compreensão de que as crenças cegas não bastam e que somente a experiência pessoal e empírica e a percepção que deriva da prática meditativa podem confirmar a verdade daquilo que foi ensinado. Aqui estão sete dentre as centenas de sinais da autenticidade de um caminho espiritual, que inclui a prática meditativa e contemplativa:

- a ênfase é dada ao processo – em constante mudança – da experiência pessoal, e não a um conjunto de crenças estáticas;
- há uma prática que resulta na realização pessoal, isto é, uma realização de quem eu sou, em oposição ao modo como me ensinaram a olhar para mim mesmo;
- ocorre uma verdadeira e positiva transformação dos pensamentos, das atitudes e das ações, que é percebida pelo *self* e é consistentemente visível aos outros;

- há um aumento gradual de poder espiritual durante um longo período de tempo;
- as ilusões sobre o *self* e o mundo são reconhecidas e gradualmente eliminadas, revelando uma clareza maior e uma compreensão mais profunda;
- aqueles que ensinam "as práticas" agem em consonância com suas teorias, e os líderes são considerados como tal por causa do respeito, e não devido a um cargo que assumiram;
- há uma receptividade na aceitação das crenças e do jeito das demais pessoas (ainda que não se concorde, necessariamente, com elas).

Outro sinal talvez possa ser mencionado: aquilo que um dia já aparentou ser complexo apresenta-se simplificado e, além disso, é visto e compreendido em termos simples. Se a sabedoria que for compartilhada ao longo do caminho tiver como base o essencial, ela provavelmente é espiritual. Caso se desenvolva, enriquecendo-se de detalhes, talvez não passe de mais uma filosofia. Ao praticar a meditação, você desenvolverá naturalmente uma percepção mais aguda para buscar a essência e a verdade das coisas.

### 6. Expectativas falsas

Não espere resultados demasiadamente rápidos. Algumas pessoas esperam ser inundadas pela luz, sentir a presença de seu anjo da guarda ou até ter uma troca mais íntima com Deus. E, quando isso não ocorre, ficam entediadas, desanimadas e desestimuladas. Outros meditam durante anos e não conseguem enxergar nem sentir nada de particularmente espiritual além de um aprofundamento gradual e constante da clareza mental, uma percepção verdadeira da profundidade de sua natureza de paz e um crescente poder interior que lhes permite não perder a habilidade de lidar com as situações tão frequentemente, nem por muito tempo. Não alimente nenhuma expectativa e desfrute os benefícios da prática meditativa, seja qual for sua textura, forma e cor.

### 7. Comparações falsas

Pelo menos no princípio, partilhe suas experiências apenas com seu professor. Jamais compare suas experiências com as de outros. Há tantos fatores diversos que influenciam a meditação, que praticamente todo tipo de comparação representa uma dispersão e é irrelevante. Você é único, portanto as suas "experiências interiores" serão únicas para você. Quando se medita, nada de ruim jamais acontece. Eventualmente, talvez você tenha sentimentos não tão agradáveis, mas isso não é ruim. Eles simplesmente são o que são. E o fato de poder ver e sentir internamente aquilo que é significa simplesmente que você está pronto para ver e sentir isso, que é capaz de lidar com isso. Lembre-se apenas de não se identificar com *aquilo que* vê e sente, essas coisas não representam o que você é realmente. Você, de fato, "sente", mas não é o que sente. A meditação o ajudará a perceber a veracidade disso.

## O caminho para casa está na meditação

Se você acha que quer fazer essa viagem interna, se está pronto para olhar, experimentar, explorar, enfrentar e fazer desaparecer as ilusões que acumulou ao longo do caminho, aqui estão sete passos básicos de meditação para retomar seu verdadeiro estado de paz interior.

### Passo UM – Crie um espaço de paz

Reserve um espaço na casa onde possa praticar a meditação, mesmo que seja apenas uma poltrona. Use sempre esse mesmo espaço, se possível. Nele, coloque dois ou três objetos que representem a paz para você. Então, sente-se e relaxe o corpo.

### Passo DOIS – Delimite o espaço

Reserve alguns minutos para criar e reafirmar as regras mentais de base para o seu espaço de meditação – nada de pensamentos que tragam preocupação, nada de revisitar o passado, nada de julgamentos ou críticas. Imagine que o espaço está cercado por uma bolha invisível. No momento em que entrar na bolha, pare imediatamente de se preocupar, de lembrar do passado, de julgar e de criticar. Sempre que perceber que está preso a um desses hábitos de pensamento, procure acomodar-se novamente a um espaço interno aberto, livre desses desejos da mente. Jamais se recrimine quando for transportado por um desses padrões de pensamento. Na verdade, recriminar-se é mais um hábito do qual deverá se libertar. Portanto, são cinco as orientações em relação ao espaço externo de meditação. Na verdade, é melhor acrescentar à lista os hábitos de "enxergar catástrofes" e de duvidar. Um pequeno sinal, em algum lugar desse espaço, o ajudará a reconhecer esses modelos como obstáculos internos à prática meditativa. Aqui estão eles, novamente. Os sete hábitos que podem sabotar a meditação e retardar o restabelecimento da paz interna e de seu poder interior:

1. preocupar-se;
2. revisitar o passado;
3. julgar;
4. criticar;
5. culpar-se;
6. "enxergar catástrofes";
7. duvidar.

Acho que ouvi você dizer: "Meu Deus, isso é tão difícil... é impossível!". Seja paciente. Pratique. Para poder reconhecer melhor os pensamentos que destroem a paz e a energia positiva, reserve um instante para escrever dois exemplos para cada categoria listada acima.

### Passo TRÊS – Distancie-se e observe

Agora, conscientemente, desvie a atenção e a energia do mundo externo por meio do plano externo. A seguir, faça o mesmo internamente. Em primeiro lugar, com o mundo externo.

- Olhe para o universo todo como um grande palco.
- Você está sentado na plateia, completamente imóvel, apenas vendo as pessoas entrarem no palco, passarem por ele e depois deixá-lo.
- Qualquer coisa que elas digam ou façam é apenas uma parte daquilo que estão representando, e isso não é nem certo nem errado, nem bom nem mau.
- Se você aprender a simplesmente "observar" o mundo, sem se perder em pensamentos sobre ele, perceberá que consegue vê-lo com maior clareza e que é capaz de compreender os outros mais rápida e precisamente sem ser tão afetado por eventos e circunstâncias que sempre se alteram.
- À medida que praticar essa forma de "observação a distância", também achará mais fácil estar em paz com o mundo.
- Agora pratique isso durante alguns minutos.

No início, talvez você encontre certa dificuldade, pois já criou uma dependência dos "ruídos" que representam a preocupação com o mundo, julgando os outros e criticando o que "eles" fazem no mundo. Porém tudo isso são apenas maneiras de criar para você mesmo a ausência de paz e a raiva, além de ser um total desperdício de tempo e de energia mental, já que não mudam absolutamente nada.

Essa observação distanciada do que ocorre no plano externo é uma preparação para a mesma postura a ser adotada na consciência. É nesse ponto que pode ter a plena certeza de que VOCÊ habita um outro mundo feito de pensamentos, emoções, lembranças e desejos. Agora, faça o mesmo com seu mundo interno, o mundo que cria dentro de sua consciência; fará o mesmo que fez com o mundo externo, aquele que enxerga com os olhos físicos.

- Simplesmente assista, presencie e observe; pare de se envolver com qualquer pensamento ou sentimento, qualquer preocupação ou lembrança.
- No instante em que perceber que está se perdendo em pensamentos, recomponha-se e volte à posição de observador.
- Você terá de fazer isso frequentemente enquanto aprende a distanciar-se e a desenredar-se dos pensamentos e dos sentimentos.
- O esforço é sempre compensador.
- Agora pratique isso durante alguns minutos.

São dois os benefícios dessa prática. Primeiro, você sentirá que a consciência se torna naturalmente mais apaziguada. Em segundo lugar, começará a "perceber" algo que não percebia antes, ver o que não era capaz de ver antes, não com os olhos físicos, mas com o olho da consciência, seu terceiro olho. Começará a ver o que realmente se passa na mente; não propriamente na mente, mas em você, pois você não é a sua mente. Passará a ver quantos de seus pensamentos conscientes e sentimentos simplesmente brotam do subconsciente e se surpreenderá ao se dar conta de quanta coisa está enterrada "bem no fundo" de sua visão consciente do dia a dia.

A meditação traz ao consciente o conteúdo do subconsciente e, ao fazê-lo, organiza e retira o entulho ali acumulado. Às vezes, o entulho dos pensamentos e sentimentos negativos ganha a forma de uma avalanche, e talvez você se sinta emocionalmente oprimido durante certo tempo. Observe, apenas, e isso passará. Em outros momentos, essa mistura de pensamentos será semelhante a um ruído, como o de pequenos camundongos roendo a madeira no fundo de um armário. São necessários tempo e prática para limpar e organizar os velhos armários da casa, e você nunca sabe o que encontrará. O mesmo ocorre com os armários internos do subconsciente. Tenha paciência. Muita paciência. Lembre-se: nada do seu entulho interno é mais poderoso do que você. Assim que você passa a olhar para ele diretamente com o olho interno, sem medo ou resistência, apenas olhando, ele desaparece. A essa altura, não é necessário se perguntar por que ele desaparece, isso simplesmente acontece. Mas, no instante em que você para de observá-lo e passa a se envolver, ele recomeça a crescer e torna-se poderoso.

### Passo QUATRO – A tranquilidade do ser

Depois de algum tempo, sua consciência será tomada por um sentimento de tranquilidade. Desfrute-o. Isso quer dizer que você se sente em paz consigo mesmo e, a essa altura, também está sendo revigorado. Lembre-se: não tente agarrar-se a esse sentimento quando ele aparecer. Simplesmente o acolha pelo tempo que durar. E, quando ele se for, dê-lhe uma carinhosa despedida, até a próxima vez. Em certas situações, você será golpeado por ele como uma onda se quebrando, ao final da meditação. Em outras, ele lhe pedirá que fique sentado calmamente, enquanto as pessoas ao redor conversam. Em outras, ainda, ele abrirá sua mente tal como o mar da história bíblica, que se divide ao meio, e você será capaz de ver e sentir seu poder e sua profundeza.

### *Passo CINCO – A serenidade do ato de enxergar*

Infelizmente, não é possível viver cercado de tranquilidade, já que a vida está à espera de ações e interações, e ambas demandam sua presença e energia. Porém, antes de abandonar o espaço de meditação, traga o conceito e a imagem do mundo agitado para a frente de seu olho interno. Olhe agora para o mundo através da paz da consciência, e veja-o com uma aceitação serena de que tudo "lá fora" flui exatamente do modo como deveria fluir. Tudo se move e muda exatamente como previsto. Todas as coisas são como são. Você está, agora, em paz com o mundo e pronto para se envolver com ele a partir de uma perspectiva de paz interior. Mas não saia da poltrona ainda. Fique um pouco mais. Há uma paz ainda mais profunda que você poderá descobrir e experimentar internamente.

### *Passo SEIS – A dádiva do silêncio*

Se conseguir abandonar serenamente todas as imagens e pensamentos sobre o mundo e ter plena consciência de você mesmo, reparará em um profundo silêncio interior. Não é um silêncio simplesmente vazio de sons, mas também carregado com o poder de sua presença. Essa é a forma ou o estado mais profundo de meditação. Você tem plena consciência de si mesmo e do mundo, mas com um domínio completo. Nada pode abalá-lo. Nada pode distraí-lo ou sugar sua energia. É como se tivesse dirigido toda a sua energia consciente para uma semente e tudo agora estivesse concentrado dentro dela. Um tempo depois, a consciência de qualquer momento singular desaparecerá e você se sentirá em um estado atemporal de quietude absoluta. Trata-se de um estado profundo e poderoso, e nele você está prestes a saber o que é ser eterno. Isso indica que o seu ser retornou do local de onde veio, a eternidade.

### Passo SETE – A tranquilidade da eternidade

Essa é uma das promessas mais profundas proporcionadas pela prática da meditação. À medida que você a amadurecer, fará facilmente a sutil transição entre a consciência dos movimentos e a mudança – que definem o conceito de passagem do tempo – para o estado atemporal, imutável e sereno que habita o coração, o cerne de cada ser humano. Aqui se encontra a absoluta tranquilidade que se libertou de qualquer sentido de separação, completamente além de toda noção de limites, barreiras e fronteiras. Não há mais nenhum sentido de limitação, nenhum desejo de agir, nenhum desejo de coisa alguma. Nesse estado meditativo, há uma consciência avassaladora da unidade de todas as coisas e de todos os seres, para sempre. Há o reconhecimento de que toda percepção de desunião, fragmentação e separação não passa de uma ilusão. Essa consciência é acompanhada de um sentido de liberdade "real", que você reconhece como liberdade "verdadeira". Essa é, em última instância, a liberdade do espírito. Nesse estado verdadeiramente livre e imutável, talvez você perceba a mudança das pessoas e das circunstâncias ao seu redor. Talvez constate a mudança do universo de pensamentos e emoções dentro de seu íntimo, mas nenhum deles pode mais afetá-lo ou mexer com você. O passado e o futuro não existem mais e, de modo paradoxal, ambos são conhecidos. Há apenas um momento: o presente. E ele parece durar para sempre.

A paz desse estado sereno e concentrado é tão poderosa que atrai para si, como um ímã, todas as energias que a cercam. Quando a consciência se volta para o mundo da ação e das mudanças, a experiência desse estado traz consigo uma nova percepção das limitações da vida, uma consciência absolutamente clara das ilusões que hoje permeiam todos os relacionamentos humanos e um modo completamente novo de ser no mundo. A ausência de paz passa a ser uma impossibilidade. Toda raiva passa a ser considerada irracional e insana; todo medo, completamente ilusório e implausível, e toda tristeza e depressão aos poucos se tornam risíveis! Tudo passa a ser visto por aquilo que é, as emoções baseadas na ilusão, a ilusão de suas próprias limitações, as ilusões de um *self* que tenta se identificar com aquilo que não é, com algo do mundo das formas. A essa altura, você conhece a si mesmo como verdadeiramente é, um ser que transcende as formas, que descobriu e desfruta a profunda paz de seu verdadeiro coração. Essa paz vai além de todos os outros prazeres e se torna o único prazer que não é desejado.

## Surpresa, surpresa!

Eu não ficaria surpreso se, ao percorrer esses sete passos, você tiver se perguntado: "De que esse cara está falando?", sobretudo se o conceito de meditação lhe for relativamente novo. Talvez você tenha me acompanhado até o Passo Quatro, e daí em diante a sensação é a de que partimos para outro planeta. Isso é compreensível, uma vez que descrevo algo que parece ser de outro planeta, uma experiência completamente diferente. Se for o caso, esqueça os passos de Cinco a Sete por enquanto e concentre-se na prática dos passos de Um a Quatro. Assim que os dominar, a jornada para o "outro planeta" virá no seu tempo! A propósito, cabe lembrar que, quando você pratica a meditação, há uma série de alertas a fazer. Os primeiros dois já lhe são familiares:

- é melhor não ter expectativas;
- jamais compare sua experiência com a de outra pessoa;
- nunca tente repetir uma experiência de meditação;
- não tenha pressa de entrar em um estado de meditação; isso é obviamente impossível, pois, se você tem pressa, não pode haver meditação;
- jamais tente se forçar a "estar em paz";
- é melhor não conversar com ninguém sobre suas experiências, a menos que lhe seja perguntado e que você perceba que a pessoa está verdadeiramente interessada;
- não tente analisar a experiência nem julgá-la como boa ou má. Olhe, de fato, para ela e se pergunte o que lhe diz, o que significa para você, e então siga em frente.

## Aqui está a sequência, de modo resumido.
## Escreva-a em uma ficha e carregue-a na carteira ou na bolsa

1. Crie o seu espaço (isso pode ser feito onde quer que você esteja).
2. Lembre-se das regras fundamentais (mas não se recrimine caso as viole).
3. Imagine que está observando o mundo a distância e repare como tudo ganha uma dimensão menor.
4. Presencie e observe seus pensamentos e sentimentos e deixe que eles também diminuam de importância.
5. Perceba como uma sensação de tranquilidade passa serenamente a fazer parte de sua consciência e de suas experiências.
6. Não tente se agarrar a essa sensação, simplesmente esteja com ela durante o tempo que durar.
7. De forma consciente, envie as vibrações do seu estado de paz a uma pessoa em particular ou ao mundo de maneira geral.

### Perseverança

Quando você decide fazer uma atividade nova, sabe que isso requer prática e perseverança. Lembra-se do mantra que aprendeu no colo de sua mãe – "a prática faz a perfeição"? A prática e a perseverança, adicionadas à paciência, compõem a perfeição. A mesma fórmula vale para a arte e a meditação.

## O mundo ajudará você

Paradoxalmente, quando você decide aprender a meditar, recebe uma ajuda invisível. Embora talvez ainda não tenha notado, estamos todos conectados em um nível de energia sutil e invisível (não mencione tal coisa numa conversa com cientistas; muitos deles não gostam disso, pois esse tipo de energia não pode ser testado em um tubo de ensaio). Hoje em dia, há milhares e milhares de pessoas meditando e aumentando gradativamente as vibrações dessa energia. Quando você senta para meditar, essa vibração coletiva mais intensa o ajuda a entrar nesse estado. É por isso que o melhor momento para meditar é de manhã bem cedo, quando o ar está mais puro e o silêncio é maior. É nessa hora, também, que muitas outras pessoas meditam, e você pode se beneficiar dessa colaboração sutil.

## E, finalmente, para aqueles com maior tendência à "religião"

Muitas pessoas cujas crenças são baseadas em um ensinamento religioso ou filosofia e que frequentam cerimônias religiosas com regularidade olham para a meditação de modo suspeito. Elas a consideram uma ameaça à sua fé em Deus, já que concentra a atenção no indivíduo, e não em Deus, como objeto de fé. Porém diversas pessoas que meditam admitem abertamente que o objetivo final de sua prática meditativa é estabelecer uma ligação direta e pessoal com Deus. Elas alegam que, pelo fato de Deus não estar neste mundo imperfeito e material, de não estar nesta dimensão física e limitada (se estivesse, não poderia ser perfeito e ilimitado e, portanto, não seria Deus), a única maneira de se conectar e se comunicar com Ele é elevar o estado de consciência. O objetivo da meditação dessas pessoas é o mesmo que temos explorado aqui, ou seja, libertar-se do controle exercido pela "consciência do corpo", que é a identificação com a forma, e buscar a "consciência da alma", que é a percepção do indivíduo como ser espiritual. Somente então será possível receber as vibrações invisíveis e espirituais do amor, da luz e do poder, que são continuamente emanadas por Deus, a fonte do amor, da luz e do poder. Isso talvez explique por que um número cada vez maior de pessoas religiosas tem incluído práticas meditativas, além de uma disciplina interna baseada na meditação, às suas práticas religiosas. Talvez tenham constatado que a prece, no sentido tradicional, não proporciona a realização pessoal nem a transformação.

Ao mesmo tempo, alguns fiéis das religiões tradicionais perceberam que sua fé é, de certo modo, cega. A fé cega consiste em acreditar sem conhecer, ao passo que a "fé iluminada" é o conhecimento que se adquire em um nível no qual a crença não é mais necessária. Eles admitem que a meditação é um modo de transcender a crença em Deus e ter uma experiência direta da presença Dele e, portanto, um conhecimento cada vez maior de Deus. Então, o relacionamento com Deus será direto e pessoal, e somente assim Ele poderá ser conhecido como realmente é – uma fonte de paz verdadeira, ilimitada e infinita, e de amor e verdade.

Para outros, no entanto, o mero fato de trazer Deus à cena pode ser prejudicial. Como não têm nenhuma crença, talvez tenham uma resistência consciente ou inconsciente a qualquer tipo de autoridade espiritual. Não há problema nisso. Deus não é compulsório, e o sucesso atual e os benefícios da meditação não dependem da crença em Deus. Porém, como vimos anteriormente, a meditação é, em essência, um modo de expandir a autoconsciência. Ela o ajuda, portanto, a tornar-se mais ciente de suas "resistências". A resistência indica que a mente e o coração estão fechados e trancados àquilo a que você está resistindo. Se a porta de uma casa está trancada, isso significa que ninguém pode entrar, mas também não pode sair... incluindo você mesmo. Você se transforma num refugiado e num prisioneiro ao mesmo tempo. Esteja aberto. Mas permaneça acordado. O objetivo da meditação é a revelação, é despertar e manter seus adeptos em estado de vigília. Não acredite em nada, incluindo tudo o que está lendo aqui. Não se afaste das crenças, mas transcenda-as; e veja se aquilo em que crê, ou aquilo em que os outros "parecem" crer, é verdadeiro para você em sua experiência de vida. Esteja receptivo, deixe a porta aberta, e talvez um dia Deus simplesmente entre por ela. Mas é possível que isso não ocorra!

## Sete modos de pôr em prática a paz interior, diariamente

Em um mundo onde somos constantemente bombardeados pelas imagens da mídia e das indústrias de *marketing*, talvez seja realmente difícil perceber como a paz pode ser posta em prática. Apresento, a seguir, sete modos de fazê-lo. Cada um deles é também uma maneira de testar e validar o poder de sua paz em situações do dia a dia.

### 1. Olhe e escute com os olhos e os ouvidos da paz

Talvez você ainda não tenha consciência disso, mas todos nós tendemos a ver e a escutar com os olhos e os ouvidos do passado. Tudo o que chega até nossa consciência vindo do mundo externo passa por um filtro chamado percepção. Esse filtro se baseia nas crenças aprendidas e nas experiências acumuladas do passado. É por isso que duas pessoas jamais ouvem ou veem exatamente a mesma coisa. As lembranças e impressões do passado distorcem as interpretações do presente. Só podemos perceber os eventos, as pessoas e o mundo como realmente são quando estamos livres de distorções internas e em paz. Então, assim como um recipiente vazio e limpo, você pode acolher o mundo, as pessoas, pode tocar e senti-las com os olhos e os ouvidos internos e percebê-las como realmente são. Sim, isso requer prática. Demanda um esforço de vigilância a cada momento e em cada interação. "Como estou interpretando isso? Como estou percebendo e interpretando o ponto de vista dessa pessoa?". Não é preciso ser obsessivo em relação a isso. Seja, simplesmente, um espectador curioso de suas próprias percepções e interpretações e começará a ver o modo como distorce o mundo e as pessoas para poder adequá-los às suas crenças e desejos. Ao fazer isso, passará a ver como cria o mundo que enxerga, e então... começará a rir.

**Então, tente isso hoje**. Esteja receptivo a todos e a tudo. Faça um esforço consciente para não julgar, condenar, criticar ou comparar-se a ninguém. No momento em que fizer uma dessas coisas mentalmente, estará perturbando a própria paz, criando uma separação entre você e os outros, além de estressar-se. Apenas fique parado e observe de modo receptivo, sem se mexer. Se precisar de uma imagem visual para ajudá-lo, imagine uma flor completamente aberta no jardim. Totalmente imóvel e que, no entanto, observa e ouve tudo ao redor. Não se preocupe com a possibilidade de perder a capacidade crítica de discernimento. De modo paradoxal, perceberá que tanto sua consciência quanto seu discernimento ficarão cada vez mais aguçados. Deixe que a paz reine em sua mente e intelecto hoje mesmo, ainda que somente por um dia.

## 2. A paz é a capacidade de influenciar

Você sabe que não é capaz de controlar outro ser humano. Também sabe que a vida consiste em relacionamentos e que o relacionamento implica a capacidade de influenciar. Na verdade, poderia dizer que um dos aspectos principais do sucesso na vida baseia-se na capacidade de influenciar os outros. A marca de um grande líder está em sua habilidade para influenciar os outros. Observe esses líderes e perceberá que jamais perdem a habilidade de lidar com as situações, nem a estabilidade interna diante das circunstâncias e dos eventos que estão em contínua mudança, não importa quão graves ou catastróficos sejam. Nunca abandonam a paz interior. E, embora a paz por eles mostrada só seja visível superficialmente (por meio de suas atitudes e expressões), sua capacidade de influência tem raízes profundas. É a paz que lhes permite o acesso a essa sabedoria interna. É a paz que lhes proporciona a capacidade de ver e ouvir claramente e, então, tomar a melhor decisão. É o poder dessa paz que cria e molda a energia e a convicção contidas em sua capacidade de comunicação. Não houvesse a paz, o caos interno estaria instaurado. E somos capazes de identificar uma pessoa que convive com um caos interno, por mais que procure ocultá-lo. Já deparamos com alguém que se apresentava ostensivamente como líder, mas tinha pouca influência sobre aqueles que liderava. Por quê? Falta de autocontrole. Por quê? Falta de estabilidade interna. Por quê? Falta de uma base sólida para a paz interior. Qual é o resultado? Falta de capacidade para influenciar. E você pensando que a paz interior era algo entediante...!

**Então, tente isso hoje.** Ao deparar com uma crise, ainda que seja somente na percepção que você tem dos outros, imagine-se como um navio ancorando a si próprio numa tempestade. Atire para baixo a âncora de sua consciência, através das águas agitadas da consciência interna, e observe-a penetrar profundamente no oceano, que é a própria essência do seu ser. Lá, ela se fixa e se firma e, um segundo depois, a paz de seu coração escala a corrente na direção da superfície da consciência, para ser vista e sentida pelos outros por meio de seus olhos, palavras e ações. Então, observe como as pessoas reagem diante de seu comportamento, em que estão presentes a serenidade, a calma e um verdadeiro afeto. Ao receber delas o convite para ficar irritado ou mal-humorado, e "aparentemente" juntar-se a elas em sua ausência de paz, simplesmente sorria. Não faça isso de modo condescendente, mas com uma verdadeira compaixão, e ofereça-se para ajudar de algum modo. Permaneça relaxado e observe como isso contribui para que as pessoas mantenham a calma e a tranquilidade.

### 3. A paz enquanto capacidade de se proteger

Há duas coisas na vida vulneráveis ao ataque: o corpo e a alma. O corpo é o espaço físico que você ocupa, e a alma é o que você é. A maioria de nós tem a ilusão de que somos nosso corpo e, consequentemente, passa boa parte da vida temendo pela forma física e adotando medidas para protegê-la de doenças, da decadência e de ataques. No entanto, o simples fato de o medo estar presente na consciência indica que estamos atacando o próprio corpo quando achamos que o protegemos. Você sabe que isso é verdade, pois basta que o pensamento seja tomado pelo medo para que o coração comece a bater mais rápido e a adrenalina corra pelo corpo. Na verdade, a presença de qualquer emoção (o amor não é uma emoção) sinaliza que o corpo está sendo atacado e ferido. Se alguém o insulta e sua reação é, de algum modo, negativa, isso indica uma série de coisas: 1) você carece de proteção; 2) sua reação está comunicando à outra pessoa que ela pode feri-lo, o que, na verdade, não é possível; 3) você está sofrendo, e quem está criando essa dor é você mesmo. Então, qual é o significado da palavra proteção numa situação como essa? O que é um campo de proteção?

Cada pessoa é um "irradiador" ambulante. Você está constantemente irradiando energia para o mundo por meio de suas atitudes. Se a energia que você irradia está cercada de medo, raiva ou tristeza, é uma energia fraca, que atrairá os ataques. Quando um cão fareja (pressente) o medo do carteiro, ele ataca. Do mesmo modo, as pessoas são capazes de pressentir seu estado emocional. Conseguem ver os botões que podem ser acionados e saber que, quando forem acionados, você reagirá emocionalmente de determinada maneira. Todos nós sabemos disso, pois podemos "farejar" nos outros. Existe uma ilusão por trás dessa forma comum de interação humana. Se você reage agressivamente ao ataque de alguém, isso pode parecer uma demonstração de força, mas, pelo contrário, revela fraqueza. Significa que você perdeu o controle de sua embarcação, e os outros percebem, embora talvez recuem ligeiramente, "parecendo" confirmar, com isso, que sua reação agressiva foi eficaz.

Na verdade, você mostrou sua fraqueza aos outros e TAMBÉM sofre, tanto mental quanto fisicamente, escravo de sua reação emocional. Então, o que significa ter força numa situação como essa? A força é uma energia que irradia coisas positivas, a confiança e a estabilidade. Tal irradiação somente é possível quando elas estão plugadas na fonte de sua energia, a paz interior. Assim como a lâmpada recebe energia de um gerador distante e fora de nosso campo de visão, a energia radiante e a expressão dessa energia, quando é sólida e estável, vêm do gerador interno: a paz que está sempre presente no coração. Se você não está plugado a essa fonte, não terá força para enfrentar os insultos, defender-se das críticas e resistir às tentativas alheias de deixá-lo irritado.

**Então, tente isso hoje**. Em algum momento, alguém lhe enviará uma mensagem negativa, fará um comentário crítico, uma observação sutil. Imagine que isso venha em sua direção como um torpedo, mas a trinta centímetros de distância encontra um campo energético de proteção, formado pela sua energia radiante. Esse campo energético tem como fonte o poder de sua paz interior. Quando o torpedo invisível –

porém real – se depara com o campo, ele desvia e se estatela na parede. Você permanece imóvel e intacto. Olha rápida e diretamente nos olhos da pessoa e, com um sorriso discreto e sereno, envia-lhe um minitorpedo, com uma mensagem bastante clara e compassiva: "Boa tentativa".

## 4. O poder da paz como um presente

Quando colegas ficam irritados, quando há discussões na família, quando um amigo procura um ombro para ser amparado, você está cercado pelo sofrimento, que é representado por todas as emoções. Embora seja fácil ter empatia por eles e tentar aliviar a dor que sentem, isso não ajuda. Não proporciona um apoio por mais de alguns poucos instantes. No entanto, o mundo nos ensina a sofrer com os outros, a adicionar às lágrimas do outro a ilusão de que nos sentiremos melhor ao fazê-lo. Mas isso nunca funciona, só serve para manter a prática da capacidade de criar o próprio sofrimento. O que mais pode ser feito quando o sofrimento de outra pessoa lhe bate à porta? Como ajudar? Oferecendo um presente? Uma xícara de chá? Sim, sempre funciona! Dando atenção e ouvidos, sim. Mas não por muito tempo, caso contrário a história se transformará em um disco riscado. Dar conforto a essa pessoa? Sim. O conforto e o apoio são as primeiras reações do amor em tempos de crise. Mas... contribuir com sua própria tristeza, lágrimas, raiva, medos, críticas e julgamentos? Não. Isso só alimentará a chama emocional da pessoa. Só a estimulará a continuar sofrendo. E só terá o efeito de partilhar a ilusão de "vítima" com você.

Então, qual é o presente correto que deve ser dado? Sim, você adivinhou: o dom da paz. O dom radiante e acolhedor de sua energia, que pode ser usada temporariamente pela outra pessoa até que ela consiga recuperar as próprias forças. Isso significa não ser perturbado pelas emoções, não ser afetado pelos relatos dramáticos dela sobre quaisquer fatos, não ser "sugado" para dentro da história dela, não reafirmar o sofrimento dela. Isso lhe soa distante, cruel, insensível? No mundo de hoje, influenciados por um condicionamento cultural que pede que lamentemos juntos, pode lhe parecer assim. E será, se o dom do poder da paz interior não for doado com amor. Pois nessas situações o amor e a paz andam de mãos dadas, como amantes, como irmão e irmã. Um não pode realmente existir sem o outro. Não pode haver paz sem amor nem amor sem paz. É claro que isso é verdadeiro em todos os níveis de relacionamento humano.

**Então, tente isso hoje**. Ofereça o dom de sua paz a um amigo, um colega, um membro da família, um estranho. Esteja atento para uma oportunidade em potencial onde quer que esteja, aonde quer que vá, quando alguém perder a capacidade de lidar com as situações, mostrando-se exaltado. Use então essa cena para praticar sua paz diante da ausência de paz dessa pessoa. Isso poderá lhe parecer estranho no início, especialmente se estiver acostumado a compartilhar o sofrimento dos outros. Porém, no instante em que agir assim com um amor verdadeiro (e não com uma empatia paternalista, do tipo "pronto, pronto, já passou"), verá um pequeno milagre acontecer. O milagre da verdadeira compaixão dará ao outro o poder e a permissão para que ele pare de se ferir. E, assim, tal qual um certo profeta dos tempos antigos, talvez você seja o instrumento de uma cura miraculosa.

## 5. O poder da paz em descanso

Embora você possa dizer que chegará o dia em que "descansará em paz[3]", talvez não perceba que esse dia será mil vezes mais tranquilo se você escolher descansar em paz todos os dias antes disso. A opção de relaxar o corpo, a mente e a alma, descansar suas ações, pensamentos e sentimentos, abandonar as bagagens e o peso da responsabilidade por alguns momentos todos os dias, lhe permite "descansar em sua paz", recuperar a força de sua paz e então reaparecer com novo foco e nova força. Em tais momentos de descanso interior profundo, você também aprenderá a ver o mundo tal como realmente é. Não como uma corrida estressante e frenética na direção de uma linha de chegada, mas como uma aventura criativa e divertida de contínua descoberta, que só pode ser vivida neste momento, agora.

Ao decidir descansar em paz diariamente, além de interromper a condução da vida no piloto automático, você dá a si mesmo a oportunidade de enxergar a verdade – a verdade da própria vida, que é definida como aquilo que nunca muda. Estamos todos cercados e impregnados de verdades eternas e imutáveis, mas a falta de conexão com essas verdades nos deixa à deriva, em desarmonia e distantes em relação ao próximo. Ao descansar em paz, você verá tais verdades, por exemplo: a receptividade e a honestidade criam a harmonia nos relacionamentos, a cooperação cria a unidade,

---

[3] No original, "Rest in peace" ou, em forma abreviada, RIP. Trata-se da inscrição gravada em túmulos. (N. T.)

o respeito cria a aceitação, a confiança cria a lealdade. Essas verdades são eternamente invioláveis no que diz respeito ao relacionamento humano. Você simplesmente as perdeu de vista. No instante em que se der conta disso e se reconectar com essa e com centenas de outras verdades, quando passar a vivê-las e, portanto, a doá-las, sua vida se transformará. Vê-las e vivê-las é impossível a menos que você considere a mais profunda das verdades – a paz é aquilo que você é. A ausência de paz equivale à falta de capacidade de ver o que é verdadeiro, equivale à ausência de mudança, à desarmonia, e isso resulta em desconexão.

**Então, tente isso hoje**. Crie dois espaços durante o dia (um pela manhã, outro à noite) em que possa descansar em paz, por assim dizer. Por três a cinco minutos, em um lugar calmo onde ninguém o perturbe, sente-se e liberte-se conscientemente de tudo o que tiver em mente. É a sua hora de meditação. Fique em paz e relaxe nesses poucos instantes. Então, durante um minuto, reflita sobre o seu dia até aquele momento, em paz. Se algo começar a perturbá-lo, deixe que passe, pois já pertence ao passado.

## 6. O poder da paz e o processo criativo

Todo ser humano é intrinsecamente criativo, pois cada um pensa e escolhe, tem discernimento e seleciona os pensamentos que quer manifestar ao mundo. No entanto, a qualidade de tais pensamentos é outra questão. Se a criatividade é uma função, a "qualidade" de sua criação representa uma corda ao longo da qual tudo o que for criado por você será medido.

Em um extremo da corda estão os pensamentos e a criação de baixa qualidade, ou seja, pensamentos negativos, cruéis, dominados pela raiva. No outro extremo, os pensamentos e a criação de alta qualidade, ou seja, os pensamentos positivos, amorosos e afetuosos. Se você pudesse agora colocar essa corda em pé, com a baixa qualidade no chão e a alta qualidade na extremidade de cima, se a imaginássemos como um termômetro, no qual a paz representaria o mercúrio indicando o nível de qualidade, em que nível estariam seus pensamentos e criação?

A paz interior é a base e também a sustentação dos pensamentos positivos e belos. É possível que a crueldade ou a raiva eventualmente provoquem pensamentos inspiradores e cheios de *insights*, mas, se a mente estiver tranquila e em paz, certamente produzirá um fluxo estável de *insights* e de inspiração.

Pergunte a um escritor por que ele sofre com bloqueios criativos e ele provavelmente lhe dirá que se deve a dispersões, a modelos de pensamento obsessivos ou simplesmente a uma mente agitada que está afetando sua paz interior, impedindo-o de concentrar-se e privando-o de um estado mental que produza a criatividade.

Observe agora as obras de muitos artistas modernos. Você vê nelas algo de grande beleza ou a expressão de um estado mental sombrio, confuso e fragmentado? Seja sincero.

Ouça algumas músicas modernas. Você fica impressionado com a beleza das melodias, as harmonias sutis que compõem sua estrutura, ou chocado e desconcertado com os acordes frequentemente tensos e dissonantes, acompanhados por letras que expressam a angústia, as frustrações e a solenidade de seu criador? Seja sincero. O objetivo aqui não é criticar, mas simplesmente examinar esse tipo de música e constatar a presença ou a ausência de "qualidade".

A mensagem é simples: ao perder contato com a paz interior, a qualidade da criatividade entra em degradação, a qualidade de sua expressão é distorcida e a qualidade de sua vida será consequentemente poluída. Isso não quer dizer que a vida seja sempre um mar de rosas quando você está "em paz". Wordsworth teve um contato íntimo com a solidão (do mesmo modo que todos nós a conhecemos, mesmo em meio a uma multidão), mas a natureza de sua paz e a paz de sua natureza lhe permitiram observar e celebrar a beleza do narciso amarelo. Quase diariamente é possível ver outros artistas e escritores no outro extremo do espectro de qualidade, em processo de autodestruição simplesmente porque a enraizada ausência de paz e o estado interior de grande tristeza infectaram seu coração e tomaram conta de sua mente, o que se reflete, portanto, na criatividade artística.

**Então, tente isso hoje**. Quando estiver lendo o jornal, olhando para um *outdoor* ou ouvindo música, veja se consegue medir a qualidade do estado de paz em que se encontrava o criador por trás daquele trabalho. Lembre-se: não julgue, não critique nem condene. Veja se consegue "enxergá-lo". No final do dia, faça um retrospecto, olhe para seu dia como se fosse um quadro e determine qual foi a qualidade de paz por trás da criação desse dia. Em que posição estaria o seu termômetro de paz interior? Para o dia seguinte, opte por enxergar e criar somente a mais alta qualidade de pensamentos e de imagens. Afinal de contas, você é o artista de sua própria vida.

## 7. O poder da paz como não violência

Às vezes, aparentemente a paz é instaurada entre países ou pessoas. Um conflito de longa duração talvez tenha terminado, um tratado pode ter sido assinado, uma briga solucionada ou o direito a opiniões diferentes reconhecido. A paz reina, aparentemente. Mas será verdadeiro? É profundo? Será uma paz verdadeira? Se ainda resta o ressentimento na mente e no coração, se ainda há pensamentos de ódio e vingança, se ainda existe uma barreira à livre comunicação, a verdadeira paz não foi restabelecida. A violência ainda impera, embora não seja possível vê-la nas ruas ou ouvi-la por meio de palavras.

Na verdade, é impossível atingir a verdadeira paz até que a violência em todos os níveis da vida tenha desaparecido. Não se consegue a paz genuína até que todas as intenções, motivações e pensamentos estejam livres de qualquer forma de animosidade ou rejeição em relação a alguém. A paz verdadeira só surgirá se houver uma situação de absoluta não violência em relação a todos e a todas as coisas externas ao seu *self* e o fim de toda a violência criada pelas pessoas (a autorrejeição) em relação a elas mesmas.

Em um mundo onde a violência é moeda corrente em muitos setores da sociedade, em que as pessoas realmente são ensinadas a criticar e então rejeitar a elas próprias como seres humanos, o indivíduo que leva uma vida não violenta – e portanto conhece a paz profunda – é algo raro. Provavelmente não existe (ainda!) uma comunidade cujo estilo de vida seja uma expressão de absoluta não violência em todos os níveis. Isso se deve, sobretudo, ao fato de ninguém estar solidamente enraizado na paz. Ninguém aprendeu ainda a pensar e a agir com a paz interior; portanto, as pessoas ainda não são capazes de ensinar os outros por meio de sua paz. Talvez exista uma comunidade dessas no mundo, mas ela está fora de nosso campo de visão. Porém não desanime. Não use isso como pretexto para não iniciar. Não espere até vencer o torneio de Wimbledon para começar a jogar tênis! Os líderes são aqueles que começam AGORA. Por quê? Porque reconhecem que essa é a melhor coisa a fazer. Só existe o AGORA! E você é o líder.

**Então, tente isso hoje**. A visualização é uma maneira de ensaiar o futuro sem ter de se preocupar com ele. Se visualizar frequentemente, com o tempo a visão que você cria deverá se tornar realidade. Essa é mais uma das verdades eternas. Veja a si mesmo como completamente não violento em relação ao mundo, aos outros e a si mesmo. Veja os outros interagindo com você da mesma maneira. Amplie esse cenário, fortalecendo-o em sua tela mental, e no final ele se transformará em realidade. Isso tem de acontecer. É a lei.

## Da sala de aula ao workshop e do ser ao fazer

*Na verdade, você não "aprenderá" muita coisa ao ler este ou qualquer outro livro. Você só aprende realmente quando, de fato, "faz" aquilo que leu. Sim, pode haver aqui alguns* insights *bastante úteis, ideias e aquilo que poderia ser chamado de "sabedoria ocasional", mas isso tem pouco valor até que tenha sido efetivamente traduzido em ação. Só então você saberá que aprendeu, pois verá e sentirá a transformação interna de seus pensamentos e sentimentos e as pessoas perceberão suas novas reações e comportamentos. Um livro, seminário ou palestra sempre é apenas a sala de aula, o lugar da teoria. O verdadeiro workshop da vida é a própria vida. Ele pode ser encontrado em inúmeros lugares em que há ação e interação – a cozinha, o escritório, o carro, o estádio, as reuniões etc. Em última instância, todo relacionamento é um* workshop *– um contexto repleto de possibilidades e de potencial para o aprendizado pessoal, as mudanças e o crescimento. É nele que você ensaia e pratica o "fazer" dos* insights *e das ideias teóricas. É nele que pode fazer experiências com qualquer ideia e qualquer* insight *e, com isso, mudar o modo como "faz a vida". Quando isso acontecer, o aprendizado terá ocorrido. Você já sabia tudo o que leu aqui. Simplesmente não se lembrava e não aprendeu essas coisas... ainda – o que significa que não fez essas coisas... ainda. De outra maneira, é improvável que estivesse interessado no conteúdo deste livro. A pergunta mais comum que ouço durante meus seminários é: "Mas como posso fazer isso?". A resposta está contida na pergunta: "Fazendo isso". O segredo não é perguntar: "Como posso ser paciente?", mas simplesmente "ser paciente". Se você se dispuser a analisar a paciência, concluirá que ela é um misto de paz, aceitação e libertação dos desejos. Mas não a analise, nem mesmo pense a respeito dela, simplesmente decida "ser a paciência". Então, faça o mesmo com a paz, a compaixão, a compreensão, o perdão. Se esse for um passo de fé demasiadamente grande na direção de seu ser, siga a estrada mais curta. Reserve cinco minutos e use a capacidade* *criativa para visualizar. Use sua tela mental. Veja-se como uma pessoa paciente. Não pense muito para compor um quadro de seu ser paciente. Convide seu coração, o coração de seu ser, para compor um quadro de paciência para você. Se conseguir silenciar seus pensamentos, passará a ver a paciência, sentir e conhecê-la. Tudo o que precisa é permitir-se ser paciente. Seja paciente!*

## Aperte a tecla "pausa" novamente

*Talvez seja útil parar novamente por alguns instantes e responder a estas cinco questões. Reserve alguns momentos para refletir sobre cada uma.*

1. Quais são as duas ideias e *insights* mais importantes que você teve após a leitura do capítulo 2 deste livro?

2. Em que situações específicas de sua vida você poderia aplicar aquilo que conseguiu perceber?

3. Como se vê agindo de maneira diferente nessa situação? (Visualize seu comportamento de forma bastante clara.)

4. Que tipo de questões específicas lhe vêm à mente após a leitura do capítulo 2?

5. Se houver um *insight* que queira compartilhar com alguém imediatamente, qual seria ele e com quem o partilharia?

Capítulo Três

# POR QUE O PERDÃO SEMPRE CURA

*A sabedoria e o caminho*

### O caminho da sabedoria

O perdão autêntico é um ato de puro amor, baseado em uma verdade absoluta: a de que o amor é o que você é. Se seu coração não estiver em paz, é porque você não tem consciência da verdade absoluta. Portanto, não pode haver amor nem perdão. É por isso que tantas pessoas têm tanta dificuldade de perdoar, verdadeira e profundamente.

Hoje em dia, a descoberta e a expressão do amor "verdadeiro" parecem ser extremamente difíceis para a maioria das pessoas. Frequentemente, confunde-se o amor com o desejo, o apego e a dependência. Como resultado, empregamos mal a palavra amor e passamos a nos perguntar por que raramente há um sentimento verdadeiro. Dizer: "Eu amo meu jardim" não expressa um sentimento de amor, mas de apego. É engraçado observar duas pessoas dizerem "Eu te amo" uma à outra e então, poucos minutos depois, ver um dos dois se irritando com alguma pequena falha no comportamento do outro. E vice-versa! O amor jamais se irrita.

O verdadeiro amor só se torna possível quando você conhece a verdade a respeito de si mesmo. Quando isso acontece, sabe que você é espírito, e não matéria, que é alma, e não corpo, e isso quer dizer que é um ser eterno e que jamais perece. Significa que a morte não é realmente uma morte, apenas uma transição. Não é uma coisa de que você ouve falar na escola ou lê nos jornais, pois o oposto dessa ideia é transmitido de uma geração a outra: você é a sua forma física. Somente no momento em que se reconhece como é, como espírito ou alma, e não como forma, pode libertar-se do medo (pois sabe que não pode morrer), de toda raiva (sabe que ninguém pode tocar em você e, portanto, não pode feri-lo), e de toda tristeza e dor (sabe que não pode perder nada, pois não tem nenhuma "coisa" que possa ser perdida).

É apenas quando o medo, a raiva e a tristeza abandonam o seu coração (ou seu corpo físico) que o amor verdadeiro, mas soterrado, pode vir à tona. Deixe-me fazer uma pausa para adivinhar o que você está pensando nesse momento. Talvez seja: "Espere um pouco. Como isso pode ser possível, como alguém pode alcançar um estágio tão elevado e iluminado em que não tem mais a experiência do medo, da raiva e da tristeza? Isso certamente é motivo para santificar

essa pessoa! E nunca vou me transformar em um santo!".
Você tem razão, trata-se de um estado elevado e iluminado.
Embora isso possa ser visto como um destino final, é melhor
descrevê-lo como a direção de uma estrada cujas sinaliza-
ções você deve ter percebido nos dois primeiros capítulos
do livro. Quanto mais você avançar nessa estrada – pode
chamá-la de caminho da "conscientização crescente e da iluminação gradual" –, menos poderosos e menos frequentes
serão o medo, a raiva e a tristeza que sente. Esse processo é
gradativo. Essas emoções debilitadoras não desaparecerão
de uma hora para outra. Isso só ocorrerá quando aprender
as lições que elas lhe trazem. Mais uma vez, é o mesmo princípio dos torneios de Wimbledon. Não espere até o dia em
que se transformará no tenista número 1 do mundo para
participar de Wimbledon. Quantos tenistas já participaram
desse torneio, tornando-se jogadores mais habilidosos, não
chegando nem perto de uma conquista, mas dizendo: "Não
perderia essa oportunidade por nada no mundo, ela fez eu
me aperfeiçoar imensamente"! Milhares. A grande maioria,
provavelmente. Eles percorreram seu próprio caminho, de
qualquer forma.

Então, qual é o seu caminho? Que destino escolherá
para você? Continuará no percurso chamado "sobrevivendo à
minha grande tristeza", carregado de crises diárias de estresse
emocional, ou seja, centenas de variantes distintas de tristeza,
raiva e medo, partilhadas com a família e os amigos? Ou está
disposto a explorar um novo itinerário, ver uma paisagem
diferente, outras estradas e atalhos fascinantes? Imagino que
esteja; caso contrário, não estaria lendo este livro.

Todos nós somos seres naturalmente cercados de amor, a despeito de tudo o que possamos ter dito ou feito. Somos uma potencial fonte de amor no mundo, em todas as épocas e em toda parte. A maioria de nós não tem consciência dessa verdade. Simplesmente a ignoramos, pois não nos conhecemos. O sinal mais óbvio do esquecimento de que somos o amor é o fato de buscarmos o amor nos outros. Isso se origina na falsa crença de que precisamos do amor alheio para sermos felizes. Uma crença não é a verdade. A crença substitui a verdade quando esta é perdida, e a verdade é: você é amor. No entanto, no instante em que deseja, tem expectativas, reclama, critica ou culpa alguém, você não é amor, mas a corporificação do medo ou da raiva, exatamente o contrário do amor.

Se ignorar a verdade de que o amor é "o que sou" e que o amor é o que "todos são", você considerará impossível perdoar. Ao ignorar isso, viverá uma vida repleta de necessidades, esperando que os outros sejam os provedores do amor de que você julga precisar (o que facilmente se transforma em "eu mereço isso"). E, quando você não consegue aquilo que julga merecer (que, na verdade, é o desejo disfarçado), fica frustrado, irritado e ofendido. Para poder ver, sentir e conhecer essa verdade em relação a você mesmo e aos outros, o primeiro passo é estar em paz consigo e com o mundo. É por isso que a paz vem antes de tudo. Em suma: a paz simplesmente é, o amor "faz", a verdade guia e o perdão repara quaisquer erros cometidos no caminho chamado "conscientização crescente e iluminação gradual". Essa é a sequência pela qual você passa quando faz o percurso correto, de dentro para fora, e não de fora para dentro. Você só pode perdoar se estiver em paz, se tiver percebido que seu propósito mais nobre é amar, e as ações de seu amor são guiadas pelo amor.

O perdão cura todas as ofensas. O perdão autêntico só estará completo quando você tiver deixado as ofensas completamente para trás, quando elas forem de fato esquecidas e varridas dos registros da memória. Você pode continuar revivendo as mágoas passadas e alimentar as dores ou libertar-se do passado, encontrando paz no presente e conhecendo a realidade do amor, que realmente é o que você é. Ao fazer isso, terá perdoado. Para encontrar a paz no momento presente, terá de libertar-se dos sofrimentos passados, um processo que tem início no momento em que para de reprisá-los na mente.

## Três verdades essenciais

O poder que você adquire ao se dar conta dessas verdades representa uma ajuda fundamental. A **primeira verdade** é que ninguém além de você criou esse sofrimento a que dá o nome de ofensa. Na verdade, você sempre foi o responsável por isso. Então, deve ser empregada a **segunda verdade**: foi apenas um erro que você cometeu – e todos os erros humanos podem ser reparados pela verdade, no nível espiritual, pois os erros são feitos de ilusão, que é uma forma de ignorância. Surge, então, a **terceira verdade**: não foi VOCÊ quem ficou ofendido, mas seu ego (sua falsa imagem, uma criação sua), e seu erro foi manter o apego, isto é, permanecer identificado com essa falsa imagem. Daí a sensação de ter sido afetado (ofendido), pois estava apegado e identificado com uma imagem baseada no rótulo que lhe deram, sua nacionalidade. Do ponto de vista espiritual, ou seja, o ponto de vista da verdade absoluta, isso é insano, porque você não é a sua nacionalidade. Seu eu essencial e autêntico não tem nacionalidade. Ao parar de confundir-se com algo que não é, você para de se ofender.

Talvez você tenha dificuldade em compreender o que eu disse nos dois últimos parágrafos, até penetrar na própria consciência e "ver" esse processo por si mesmo. Na verdade, o ego é responsável pelo sofrimento humano e consiste simplesmente na consciência humana (o *self*) que se identifica com algo que não é real. Ao observar o que se passa em você, verá o que realmente é e também tudo aquilo que julgava ser, mas sabe agora que não é. A autoconsciência, a contemplação e a meditação são as chaves para enxergar isso. A análise, não. Não há necessidade de analisar, apenas observe. Tente perceber em você o que acabo de descrever. Ao fazê-lo, chegará à distinção entre o verdadeiro e o falso, entre o que é fortalecedor e o que debilita. Verá então qual é o caminho correto a seguir. Na verdade, você já o conhece, mas simplesmente esqueceu e não reaprendeu... ainda... aquilo que já sabe.

Consideremos agora a ofensa e o perdão. Como já vimos, qualquer tipo de dor no nível físico, qualquer sofrimento no nível mental e emocional normalmente são atribuídos a alguém, a alguma coisa. Talvez você culpe alguém por não satisfazer aquilo que julga fazer parte de suas necessidades, ou a comida por não ter o sabor que esperava dela, ou mesmo a equipe que venceu o time pelo qual você torce. Se não se sente ofendido, o perdão torna-se irrelevante. Porém a verdade é que todos nós nos sentimos ofendidos, o tempo todo. Mesmo quando achamos que não ficamos ofendidos, estamos praticando a ofensa. Você talvez ache isso uma contradição ou uma afirmação excessivamente generalizadora e crítica! Mas não é, se considerar que: a) todos – o.k., talvez só 99% das pessoas – se esqueceram de quem são; b) todos nós somos emocionalmente dependentes de algum tipo de medo (o mais comum deles é a preocupação) e da tristeza (o mais comum é o ressentimento). Se, dia a dia, você conseguir se livrar dessas modalidades emocionais do medo, estará bastante adiantado no caminho para a santidade. Se não estiver, bem-vindo ao Grupo dos Dependentes das Emoções!

Mesmo quando observa alguém ofendendo outra pessoa, é provável que também se sinta ofendido. Talvez ache que isso é normal e que é a coisa certa a fazer, o modo correto de agir diante do sofrimento dos outros. Mas não é. Agindo assim, você simplesmente cria uma ofensa para si mesmo, imita o estado emocional de outra pessoa, alimenta sua própria dependência e então a justifica, dizendo que essa atitude demonstra que você compreende e, portanto, está ajudando o outro. Isso é tolice. Mas é o que os viciados fazem: dizem tolices a eles mesmos. É por esse motivo que o perdão é o elemento essencial da vida, embora esteja quase totalmente ausente dela. Não o perdão aos outros, mas o perdão a você mesmo por se dizer tolices!

## Morte

*A cada vez que sugiro a possibilidade de libertar-se de todas as emoções, ouço uma reação do tipo "Se não tivesse altos e baixos, a vida não seria entediante? Uma espécie de morte! Isso para mim não parece vida". Você já pensou dessa maneira ou de modo parecido? Quando me refiro às emoções, quero dizer que o amor, a paz, a alegria e a verdadeira felicidade não são emoções, mas estados naturais da existência, que estão por trás, por baixo e além de qualquer emoção. A emoção é uma agitação da mente, uma perturbação no interior da consciência. E, mesmo quando ela ocorre, repare que você não tem controle sobre ela. O amor e suas inúmeras expressões, a paz em seus variados níveis, a alegria, a felicidade e suas várias facetas não consistem em agitação ou perturbações. São escolhas, estados de existência que você pode criar ou sentir, como desejar. E, ao fazê-lo, sua atitude e seu comportamento seguirão o mesmo caminho.*

## As sete reações diante da ofensa

Quando a dor ou o sofrimento que você sente parecem ter sido provocados por alguém ou alguma coisa, há sete possíveis reações a esse sentimento de mágoa. À medida que as exploramos brevemente, da mais comum à menos comum, da mais superficial à mais profunda, tente perceber onde você se situa nesse espectro. O perdão é algo que você não precisa realmente praticar, pois tanto o seu sofrimento quanto o que aparentemente o provocou se baseiam numa ilusão. Procure entender que as ilusões em que nossa ofensa se baseia – as quais provocam um sentimento bastante real – não passam de meros elementos do sonho em que vivemos, que todos ajudam a criar, chamado vida na Terra.

- **Vingança:** quando você quer passar aos outros a dor sentida por você mesmo, mas que atribui a eles.
- **Punição:** quando deseja fazer justiça com as próprias mãos, mesmo que seja apenas no nível mental.
- **Correção:** quando quer mudar a personalidade e o comportamento de outra pessoa.
- **Perdão:** quando deseja fazer o que – segundo lhe ensinaram – é o melhor a ser feito.
- **Esquecimento:** quando quer se livrar do passado em todos os níveis e dar continuidade à vida.
- **Viver o carma:** quando reconhece e assume a responsabilidade por suas mágoas, pois compreende que sempre recebe de volta, hoje, o que corresponde às suas ações de ontem.
- **Iluminação:** quando percebe que VOCÊ nunca foi alvo de ofensas.

### A PRIMEIRA reação à ofensa – A vingança
Você deseja ter sua vingança

Os heróis têm direito à vingança... a justiça demanda vingança... a vingança é a arte de aplicar a justiça. Esse é o credo de Hollywood. A glorificação do sofrimento que se causa aos outros, como resposta àquilo que "eles" parecem ter feito a nós, glamouriza a raiva e a vingança. Isso tornou algumas pessoas muito ricas, financeiramente falando, mas extremamente pobres em termos espirituais. O entretenimento explora o sofrimento das pessoas, usando-o para manter a ilusão de que os outros são responsáveis pelo que você sente.

A lição aprendida nas ruas a cada geração é a de que "a vingança é o melhor caminho", ou "não se irrite, vingue-se". A vingança é hoje tida por muitos como a única reação adequada às atitudes insensíveis dos outros. Todos se sentem facilmente ofendidos e magoados não somente pelas ações das demais pessoas, mas também por suas palavras. Na verdade, não apenas pelas palavras; muitos jovens parecem estar aprendendo que, se alguém lhes dirige um olhar enviesado, ou se os fitam demais, eles têm o direito de interpretar isso como um insulto, "rosnar" de volta e se vingar. Então, é como se esses jovens (e às vezes, não tão jovens assim) passassem a vida buscando motivos para se sentir ofendidos. Procuram oportunidades para criar um sentimento de raiva e obter uma "dose" de sua droga emocional. Sua linguagem verbal e não verbal inclui um vocabulário violento, dominado pelo sentimento de vingança. Ansiosos por uma briga, saem à procura de um motivo, um problema ou uma causa para justificar seus ataques. Essa é uma tendência em expansão.

A vingança cria e perpetua o ciclo de conflitos. Isso é óbvio. Quer se trate do programa *Punch and Judy*[4] ou de

---

[4] Programa da televisão inglesa, também transmitido em outros países, como Canadá, Austrália, Nova Zelândia, África do Sul e Estados Unidos. (N. T.)

POR QUE O PERDÃO SEMPRE CURA

inúmeros conflitos entre etnias e religiões, a vingança é vista como um modo de acertar contas. Mas isso nunca funciona, apenas mantém o ciclo de violência. Também é óbvio. O que não é tão óbvio é que isso é alimentado por uma dependência emocional raramente reconhecida, pelo fato de a emoção ser tão mal compreendida.

A vingança se manifesta de várias formas. Em geral, você nem sequer está ciente de que está tentando se vingar de alguém. Talvez tenha decidido não cooperar mais com alguém ou esteja simplesmente ignorando uma pessoa. Essas atitudes de vingança são as mais comuns no ambiente de trabalho. Você pode também espalhar "notícias negativas" a respeito de alguém que acredita ter lhe ofendido ou planeja vingar-se de modo furtivo. Seja qual for sua atitude, isso se dá porque, em algum lugar de sua consciência, você se sentiu ofendido pelas atitudes ou palavras de alguém e não consegue ignorar a ideia de "bater" de volta. A ofensa e as "retaliações" são moeda corrente em nossa cultura, mesmo entre os representantes da alta sociedade, ainda que sejam personalidades públicas. Até nas páginas de jornal vemos pessoas que se sentem ofendidas, queixam-se e se apresentam como vítimas, e os agredidos desabafam sua fúria, buscando alguma forma de vingança.

À fria luz do dia, quando toda a poeira emocional finalmente assenta, quase todos reconhecem que essa é uma maneira extremamente tola de viver, para não dizer insana. Até os indivíduos que alimentam um desejo incessante de briga se cansam e, quando pressionados, admitem que esse é um modo um tanto idiota de interagir. Porém não conhecem nenhum outro modo ou estão muito preocupados com o que os outros pensarão e dirão se eles mudarem de postura de repente. Em um mundo de machões, uma vez que a imagem de "valentão" é criada na mente das pessoas, não é fácil desfazê-la. A reação habitual à vingança está tão enraizada na cultura que aparentemente é impossível alterá-la.

A única maneira de mudar essa mentalidade cega é despertar para a verdade e perceber duas coisas. Primeiro, a vingança é outra forma de dor provocada pela pessoa, é um abuso a si próprio. Os que praticam a vingança perpetuam o sofrimento. Segundo, não foram "eles" que ofenderam você. Foi você que se feriu. Isso não é fácil de enxergar, embora já tenhamos tratado desse assunto, mas ele ficará mais claro à medida que progredirmos, falando das outras seis reações. Aos poucos, ainda que lentamente, essas verdades voltarão a se infiltrar nas áreas voltadas ao grande público, tais como a educação, os negócios e até mesmo a política. A única forma de acelerar o processo de "despertar" é vivê-lo, e, à medida que isso acontecer, você poderá ensiná-lo.

## O olhar

*Quando jovem, você alguma vez já recebeu um olhar "daqueles"? Um olhar penetrante e mordaz, que pareceu furar seu coração como uma flecha envenenada? Hoje você sabe que essa pessoa não fazia ideia de que estava penetrando o próprio coração dela. Agora, você pode "devolver o olhar" com compaixão.*

## A SEGUNDA reação à ofensa – A punição
### Você acha que eles devem ser punidos

"Que a punição seja compatível com o crime", eis o clamor de qualquer sociedade civilizada. Ou, ao menos, parece ser. Mas sejamos sinceros: a punição não é uma maneira de praticar a vingança de outra forma? Embora o sistema judiciário seja aparentemente isento de um viés emocional, com muita frequência aqueles que exigem justiça parecem ser motivados pela raiva em relação aos atos praticados e pelo medo do que poderá acontecer. É uma reação que tem como motes: "Eles devem receber o que merecem" e "Longe dos olhos, longe do coração". Se já houve uma maneira preguiçosa de reagir aos erros cometidos pelos outros, essa é uma. E a mais preguiçosa de todas é a pena de morte. Como sabemos, no fundo, que isso é uma vingança disfarçada de justiça, ela não tem eficácia. E raramente muda o tipo de caráter ou de personalidade do criminoso e da pessoa que tenta ferir os demais. Quando muito, ela estimula e fortalece sua determinação de continuar evitando o caminho que chamaríamos de civilizado.

Privar qualquer ser humano da oportunidade de conviver com a família e os amigos, negar-lhe a oportunidade de criar livremente sua vida, proibir a liberdade de expressão de uma pessoa só farão estimular uma raiva mais profunda e o ressentimento, muito embora a pessoa que perpetrou o crime saiba que está sendo encarcerada por ter violado as leis. A menos, é claro, que você seja alguém tão iluminado quanto Nelson Mandela ou Terry Waite. Muito poucos o são, dos dois lados da cerca. Voltaremos mais tarde ao papel desempenhado pela "Iluminação".

Encarcerar alguém implica dizer: "Você é um criminoso, um rejeitado, e não há esperança em seu caso". Essa tripla condenação traduz uma ausência de compaixão, e isso implica um relacionamento em que não existe amor, o que fornece as condições perfeitas para que se reproduza cada vez mais a reação "Estou me lixando... Vá para o inferno... Não devo nada a você... Você pagará por isso quando eu for libertado" diante de qualquer pena de prisão recebida.

No entanto, quando se compreende a dependência emocional das pessoas dispostas a aplicar punições, não é de surpreender que tantos ainda acreditem na punição e no isolamento de um ser humano como formas de corrigir seu comportamento e, portanto, as crenças, percepções e atitudes nas quais ele se baseia. Na realidade, trata-se simplesmente de medo disfarçado de justiça.

"Que a punição seja compatível com o crime", eis o clamor dos moralistas. Eles ainda não perceberam que não existem crimes. Sim, há pessoas que ainda não aprenderam a se integrar, a viver em harmonia, em união, a aceitar e amar os outros. Sim, existem atos motivados pela ganância e pela raiva, que derivam da ignorância. Todo e qualquer crime nasce de uma ignorância básica a respeito de como funcionam tanto o mundo quanto os relacionamentos, o que, em sua essência, consiste na ignorância de "quem eu sou": uma ignorância de como o *self* consciente opera. Todo crime tem raízes na ignorância. E desde quando a ignorância é um crime?

Portanto, o que exatamente está sendo ignorado, de modo que a ignorância prevaleça na mente do assim chamado criminoso? A verdade está sendo ignorada, mas não há consciência alguma em relação a isso, pois pouca gente compreende o que é verdadeiro. A mente criminosa está sendo modelada por uma série de crenças que não correspondem à verdade, e o comportamento surge a partir de pensamentos baseados nessas crenças. É por isso que todos nós temos uma mente criminosa e tentamos violar a lei, ainda que seja apenas no plano mental. Abaixo apresento algumas das crenças mais comuns que podem resultar em pensamentos criminosos e que, para certas pessoas, resultarão em comportamento criminoso. Você é capaz de reconhecer alguma?

| Crenças sociais falsas mas comuns | As verdades |
| --- | --- |
| Para ser feliz, você precisa daquilo que as outras pessoas têm. | Você pode ficar feliz onde quer que esteja, fazendo o que for. |
| São os outros que o deixam irritado e provocam sua mágoa. | É você quem se irrita e sente o coração partido apenas porque aquilo que estava ligado a ele sofreu danos ou foi perdido. |
| O sucesso é definido pela aquisição de bens e pelo *status* alcançado. | O sucesso é a estabilidade da mente e a felicidade do coração. |
| Quanto mais possuir, mais feliz você será. | A verdadeira felicidade vem de dentro para fora, e não de fora para dentro. |
| As pessoas devem dançar conforme a minha música e fazer aquilo que desejo. | Você não tem o poder de controlar nenhum aspecto da consciência de um ser humano. |
| Você precisa de "algo mais" para tornar sua vida completa. | Você já é um ser completo e sua vida é uma oportunidade de expressar isso. E, à medida que o fizer, terá consciência disso. |
| Você deve obter o que puder, o mais rápido que puder, e manter o que tem pelo tempo que for possível. | O que você obtém não é o que pode manter, pois na verdade você não possui coisa alguma. |

A ignorância nasce e é sustentada pelo aprendizado de crenças equivocadas, que, por sua vez, modelam os pensamentos e as escolhas da chamada mente criminosa. Até os atos do pior terrorista resultam de uma ignorância sobre si mesmo, que ele obviamente é incapaz de enxergar. Desejar vingar-se de um terrorista é um ato de terrorismo – algo que muitos não conseguem enxergar (perdoem a generalização). Portanto, vivemos em um mundo onde muitos buscam a punição de outras pessoas devido à ignorância. Isso é, em si, uma forma de ignorância. A punição é incapaz de dissipar a ignorância. O único modo de iluminar, fortalecer e estimular as pessoas a mudar suas atitudes é criar o contexto, o ambiente e a oportunidade para que a educação prospere, para que se aprenda cada vez mais. Para muitos, é difícil enxergar isso, quanto mais aceitar. Se você é incapaz de ver isso, deixemos a questão de lado, por enquanto.

Não há crimes, mas somente a ignorância em relação à ação. Não há vítimas, mas apenas os que creem que foram "ofendidos". Estes também se encontram em estado de ignorância, pois ainda não perceberam que não podem ser ofendidos por quem quer que seja sem sua permissão. Mas não diga isso aos jornalistas dos meios de comunicação sensacionalistas nem àqueles que mantêm ou são sustentados por nosso sistema judiciário.

## Por favor, não...

*Não entenda o que foi dito anteriormente como um julgamento. Trata-se apenas de uma série de reflexões. Ainda estou emergindo de meu estado de ignorância. Ainda estou aprendendo a compreender a mim mesmo e, com isso, a compreender os outros. Minhas ações ainda se baseiam na ignorância. Mas estou acordando para aquilo que é verdadeiro. Sou capaz de ver, constantemente, que não há punições, à exceção daquela que provoco a mim mesmo quando minhas atitudes são baseadas na ignorância. Se eu tentar me vingar, aplicando a punição a outras pessoas, mesmo que apenas mentalmente, criarei meu próprio sofrimento. Meu sofrimento, nesse instante, é simplesmente uma mensagem de que ainda não acordei para a verdade.*

*Por favor, não entenda tampouco que estou defendendo o desmantelamento do sistema judiciário. Não é isso que estou dizendo. Tudo o que procuro fazer é ir além da superficialidade das coisas, ir mais a fundo no comportamento de algumas pessoas, ir além da aparência das coisas, a fim de compreender, contestar e encontrar a verdade. Neste momento, as sociedades, de fato, precisam de leis, caso contrário teríamos a anarquia. Nesta segunda reação à ofensa, que acabamos de ler, procuramos examinar as medidas que estão ocultas na aplicação da lei.*

## A TERCEIRA reação à ofensa – A "reforma"
### Você deseja ajudá-los a mudar suas atitudes

Quando alguém viola as leis da sociedade, ou as leis da harmonia dos relacionamentos humanos, obviamente é melhor e mais sensato contribuir para que essa pessoa seja "reformada" do que puni-la. Muitos concordam que é melhor ter uma personalidade "reformada" do que uma "não reformada", pois é provável que essa pessoa volte a violar as leis e retome seu estilo violento. A reforma dos traços de personalidade de alguém é uma das tarefas mais desafiadoras no mundo. Esse é o objetivo da maioria dos livros de autoajuda. Há muitos exemplos de assassinos dominados pela raiva e estupradores violentos que verdadeiramente se arrependem, transformando suas atitudes e seu comportamento. Do ponto de vista institucional e da sociedade, esse processo requer tempo e, portanto, paciência. Demanda uma disponibilidade de ambas as partes e motivação constante. Requer o emprego da sabedoria e, por isso, um mestre com experiência. O tempo, a motivação e bons professores são caros e raros, o que talvez explique por que contribuir para que os criminosos e os violentos sejam "reformados" raramente é a opção escolhida pela maioria da sociedade.

No entanto, aqueles que querem "reformar" os outros devem ter um pouco de cuidado. Se ainda acreditam que o "outro" (o criminoso) é a causa de seu mal-estar, a motivação para ajudar na correção talvez não passe de outra forma de punição disfarçada. Se essa reforma é uma tentativa de controlar o comportamento do outro, pode ser uma maneira de vingança ainda mais sutil.

Talvez seja por isso que muitos dos que desejam "reformar" os outros podem tornar-se moralistas demais. Eles desenvolvem sua própria personalidade, que se inclina na direção do julgamento e da crítica das outras pessoas. Tendem a procurar alguém que precise de "um tratamento da personalidade". É por isso que facilmente criam o hábito de encontrar defeitos nos outros. Assim como o fotógrafo profissional enxerga e enquadra o mundo como uma série de fotos possíveis, o "reformador" poderá cair na armadilha de ver os outros como indivíduos passíveis de ser "reformados". A primeira coisa que ele busca são as fraquezas e os traços negativos do caráter alheio. Talvez, depois de algum tempo, o "reformador" se dê conta de que não é a outra pessoa que precisa mudar, mas "ele". Trata-se de um verdadeiro momento de transformação quando o "reformador" acorda um dia e diz: "Sou eu que estou me sentindo ofendido, insultado, perdido, desesperançado e no papel de vítima".

Quando você perceber pessoas em situação de conflito, descarregando sua dor emocional umas nas outras, e quando vir o criminoso proferindo insultos contra a sociedade, se ficar ofendido com isso, preste atenção, pois é você que está causando a própria ofensa, a partir do comportamento desses indivíduos. A outra pessoa está simplesmente dizendo e fazendo o que está sendo dito e feito, mas é você que está criando a ofensa, que está criando o sentimento da ofensa. Você é o ofensor... de si mesmo.

Nesse momento de esclarecimentos, a atitude e a abordagem do "reformador" são transformadas. O julgamento e a condenação, que talvez tenham vestido uma máscara de preocupação pelo bem-estar dos outros (o que, na verdade, era um disfarce para o desejo de reformá-los), desaparecem. A intenção de compreender o outro nasce, repentinamente, em meio a uma genuína compaixão. Como uma rosa em um jardim cheio de ervas daninhas, a empatia começa a lutar por um lugar e acaba por encontrá-lo no repertório do "reformador". Então, ocorre mais um momento "eureca!": quando o "reformador" se dá conta de que acaba de reformar a si próprio.

É só então que o "reformador", que agora enxerga a si próprio menos como um "reformador" e mais como um "fortalecedor", pode ter algum valor para as pessoas cujas personalidades simplesmente foram moldadas por influências negativas do passado. Ele coloca sua sabedoria recém-descoberta à disposição daqueles que ainda estão adormecidos, ainda sob o efeito da crença de que "o crime compensa", ainda sob a ilusão de que a única lei possível é a lei da selva, daqueles que ainda ignoram o fato de que sentem o que sentem devido ao que aprenderam. O papel do "reformador" passa a ser o de despertar os que ainda dormem e fazer com que abandonem as crenças que os mantêm paralisados em um pesadelo (criado por eles mesmos) de pensamentos negativos e em padrões habituais de comportamento violento.

Com mais alguns *insights*, o "reformador" pode perceber que não existem pessoas más, não há criminosos, mas somente pessoas que acreditam em sua própria maldade, somente os que perderam a conexão interior com sua bondade inata, somente os que sofrem e agem baseados na própria ignorância do que é realmente verdadeiro. O "reformador" talvez até mesmo se dê conta, no final, de que nada de ruim jamais acontece. As situações, atitudes e circunstâncias ocorrem, mas nada disso é ruim a menos que se faça delas algo ruim. E em que plano fazemos disso algo ruim? Na mente, em nosso julgamento. Consegue compreender? Consegue ver que, enquanto o mundo está "lá fora", o mundo ao qual você reage está "aqui dentro"? Tudo acontece em sua própria consciência, dentro de VOCÊ. O mundo é exatamente da forma que você o vê. E o modo como o vê é como o cria. O modo como "vê" o outro é como cria o outro – o que, muitas vezes, está a um milhão de quilômetros distante daquilo que ele realmente é.

Sim, o certo e o errado existem. Há um modo certo de pensar e de viver, o que cria e mantém a harmonia na sociedade, e há maneiras erradas de pensar e de viver, o que temporariamente interrompe essa harmonia. O certo e o errado não são a mesma coisa que o bom e o ruim. Não existe "ruim", se você assim decidir. O que existe é apenas nossa velha amiga, a ignorância, ou... a "iluminação". Consegue perceber isso?

## O que você vê é aquilo que recebe!

*Jamais me esquecerei de uma história que ouvi em um retiro para administradores de presídio em Oxford, muitos anos atrás. Um administrador dava explicações sobre a transformação de uma penitenciária em Dade County, Miami. Essa instituição apresentava os mais altos índices de conflitos, de abuso de drogas e fugas dentre todas as penitenciárias dos*

*Estados Unidos. Um administrador assumiu o cargo e enviou todos os seus gerentes e funcionários para um treinamento de atendimento ao cliente, que durou três dias. No retorno deles, ele lhes disse: "Agora, voltem ao trabalho e tratem os prisioneiros como se fossem seus clientes". Para resumir uma longa história, dois anos mais tarde a penitenciária apresentava os índices mais baixos de conflitos, abuso de drogas e fugas nos EUA. O motivo? Em uma palavra: respeito. Em vez de olhar para os prisioneiros como a pior escória, o pessoal da penitenciária passou a tratá-los como seres humanos, com sua dignidade e valor inatos (ainda que reprimidos) e, portanto, dignos de respeito. Isso transformou a cultura da instituição.*

## A QUARTA reação à ofensa – O perdão
Você quer perdoar e esquecer o passado

De modo geral, o perdão é visto como algo que, em princípio, é bom, mas difícil de ser praticado. É sempre mais fácil perdoar um amigo quando ele comete alguma transgressão do que perdoar alguém que você não conhece. Isso ocorre, às vezes, porque de algum modo dependemos da aprovação dos amigos. Se os condenarmos, perderemos tal aprovação. Em outras situações, é como se os amigos tivessem conquistado o direito ocasional de transgredir... só um pouco! Por outro lado, é muito mais fácil julgar, condenar e criticar uma pessoa estranha. Já percebeu que, ao condenar ou criticar, você está, de fato, projetando neles seus sentimentos, criados por você mesmo? Assim como alguns cães latem e rosnam para você apenas quando estão atrás do portão de seu jardim, algumas pessoas sentem que a distância da não familiaridade indica que é seguro "atacar".

Dizer "Eu os perdoo pela decepção, tristeza e dor que me causaram" é, como já vimos, uma atitude desnecessária, baseada na ilusão de que eles foram a causa de sua ofensa. Embora isso seja fácil de ser percebido (para alguns), não é tão simples de ser praticado. Para algumas pessoas, essa abordagem simplesmente não funciona. Na verdade, isso soa utópico, sobretudo quando acontece algo extremado. Suponha que, em seu caminho para o trabalho, alguém exploda uma bomba no trem e você perca um braço. Ao retornar ao trabalho, é despedido e terá de viver com a aposentadoria por incapacitação. Terá de vender a casa e se mudar com a família para outra região. Nessa circunstância, dizer "eu o perdoo" ao indivíduo que atirou a bomba, e também ao seu ex-patrão, não será fácil. Mais difícil ainda será dizer isso com convicção.

No entanto, alguns indivíduos são capazes de fazer isso. Dizem essa frase e conseguem, de fato, perdoar em tais casos extremos. São pessoas que já compreenderam uma série de verdades absolutas sobre a vida e os relacionamentos humanos. Aqui estão algumas delas, que lhe podem ser úteis.

### 1. Não faça o papel de vítima

Sim, a dor mental e emocional que você sente é sua reação aos eventos, é criação sua. Trata-se de uma escolha pessoal, embora você talvez não consiga enxergar a escolha, devido ao sofrimento que cria a si mesmo. Chris Moon é um exemplo maravilhoso de como não se deixar paralisar pela condição de vítima. Ele perdeu um braço e uma perna, trabalhando em uma mina. Mas não disse: "A culpa é da mina... A culpa é de quem construiu as instalações na mina... A culpa é de quem construiu a mina... Culpo a mim mesmo por não ter sido mais cuidadoso... Sou a vítima". Chris colocou uma prótese em ambos os membros e passou a correr quatro maratonas anuais, incluindo uma no Saara.

## 2. Você não é seu corpo

Provavelmente, a verdade mais profunda e, portanto, a mais desafiadora é o fato de que sua dor física não pertence a você, mas sim ao seu corpo, e você não é seu corpo. É seu corpo que entra em comunicação com você, e você com ele, mas não é VOCÊ que está sentindo a dor, mas o corpo. É por isso que o humor, as atitudes e a personalidade de algumas pessoas nunca mudam, mesmo quando elas sofrem ferimentos físicos. É como se elas tivessem a consciência e suas ações se originassem em um lugar mais profundo, mais verdadeiro, inserido em seu *self* autêntico. É como se fossem naturalmente capazes de distanciar-se de sua forma física e ainda assim permanecer nessa forma física. Para a maioria de nós, isso requer uma prática constante, pois nossa identificação com a forma física é tão grande que realmente cremos que somos nosso corpo. Quem é que diz "meu corpo"? Você mesmo. Então, aí está você, aí está seu corpo.

### 3. As coisas acontecem!

As coisas acontecem, e em certos casos você simplesmente estará no meio delas. A vida é assim. Deixe isso de lado e continue seu caminho. Se não o fizer, ficará empacado. Sua vida ficará estagnada, assim como acontecia com a agulha daqueles velhos discos de vinil que ouvíamos. Então, começamos a importunar os outros, enquanto tocamos o disco: "Sabe o que aconteceu comigo...? Foi terrível... tão, mas tãããão ruim". Ao fazermos isso, estamos discretamente mantendo o apego à indigência, a fim de obter a atenção e a empatia dos outros, e também a dependência desse sentimento tãããão ruim!

### 4. Há benefícios em todas as coisas

Algumas pessoas se dão conta daquilo que, no final, se torna óbvio, o que indica que há uma razão para tudo, uma lição a ser tirada de cada episódio e um benefício oculto por trás de cada um deles. Assim, elas dizem: "Isso não aconteceu *comigo*. Aconteceu *para mim*. Qual é o significado desse acontecimento, que lição posso tirar dele?". Pare um momento para refletir, olhar, ver, perceber, aprender, mudar e então prossiga em seu caminho.

### 5. Pratique o desapego e seja livre

Se você não conseguir libertar-se das cenas, dos acontecimentos, dos sons e das imagens associadas à pessoa que, em sua opinião equivocada, "agiu errado com você", se continuar reprisando a cena e recriando sentimentos negativos, estará se apegando a todas essas coisas. Está fazendo uso delas para satisfazer sua dependência emocional. O apego também revela que você carrega um grande fardo interior. Está simplesmente empacado na função "repetir a ação", e isso só serve para aprofundar o sofrimento, fazendo com que ele penetre ainda mais em seu coração. Não é uma idiotice? Você é capaz de abandonar isso e dar continuidade à sua vida?

## 6. O perdão é algo pessoal

Algumas pessoas acham que é impossível penetrar profundamente em seu coração para buscar o perdão. Outras consideram que o perdão é necessário para o desapego e para poder seguir em frente. Recentemente, a religiosa responsável por uma paróquia demitiu-se de seu cargo por ser incapaz de perdoar os assassinos de sua filha no atentado a bomba do metrô de Londres. Por sua vez, Gee Walker teve, no plano intelectual, uma atitude oposta, na ocasião do assassinato de seu filho Anthony, que foi apunhalado. Ela aparentemente deixou o país em estado de assombro ao perdoar os dois assassinos. "Não consigo odiar. Tenho de perdoá-los. Foi o ódio que matou Anthony", disse ela, no momento em que os dois homens recebiam a sentença de longos anos de prisão. "Devem estar vivendo uma tortura mental". Impressionada com a reação pública ao seu gesto, ela explicou: "É óbvio que, se eu não tivesse perdoado e não respondido ao racismo e ao ódio com a tolerância e o amor, isso seria um insulto à memória de meu filho". Ela foi honesta e teve clareza quanto à sua intenção de perdoar: "De algum modo, não estou fazendo isso por eles. Faço por mim mesma. A ausência de perdão é um fardo pesado de carregar. Pude ver o que isso faz com as pessoas. Elas ficam amarguradas e sentem raiva. Não quero ser a vítima novamente".

### 7. Uma verdade espiritual absoluta

Do ponto de vista espiritual (ver p. 14), não há necessidade de perdoar alguém pela perda de uma pessoa amada, porque você não a perdeu: essa pessoa nunca pertenceu a você, para que pudesse perdê-la. O que ocorreu, na verdade, foi que o momento da passagem dela, independentemente das circunstâncias, foi simplesmente o momento em que isso tinha de acontecer. É preciso adotar o ponto de vista espiritual aqui, pois ele o lembrará de que o espírito, ou a alma, estava simplesmente destinado a deixar o corpo daquela maneira, naquele momento, e passar à fase seguinte de sua jornada única e individual. Sim, houve motivos para que isso tivesse acontecido daquele modo e naquele instante, mas não precisamos saber quais foram esses motivos. Tudo o que devemos fazer é não nos identificar com o sofrimento dessa pessoa, transmitir a ela a energia mais positiva, afetuosa e encorajadora que pudermos e então praticar o desapego. Ou seja, deixá-la partir quando desejar. Na verdade, essa pessoa não morreu, apenas seguiu em frente. Isso lhe soa pouco caloroso e desumano? De fato, quando você vive essa verdade, o que de fato acontece é o oposto. Em vez de se consumir pela dor, seu coração está aberto e livre, afetuoso e compassivo. Se a partida da pessoa não é repentina, você pode estar completamente presente na vida dela e ampará-la em seus últimos momentos. Se a partida for violenta, pode ajudá-la a não carregar sentimentos de ressentimento e de vingança em seu coração. E, se outras pessoas estiverem sofrendo com a partida dela, você estará disponível e disposto a confortá-las. Não existem acidentes nem eventos aleatórios na vida. Quando você de fato sentir pesar com a partida de alguém, seja sincero: por quem você realmente está sentindo tal pesar?

## Os que passam fome e os sem-teto

*Sim, creio ter ouvido você perguntando sobre os milhões de pessoas que passam fome e os inúmeros sem-teto em todo o planeta. Eles são responsáveis por seu sofrimento? Devem simplesmente dizer: "Bem, essas coisas acontecem, então sigamos em frente"? Os problemas deles são, em grande parte, físicos. Sua situação, em que são ajudados pelas pessoas, condiciona-os a se enxergar como vítimas praticamente abandonadas. No momento em que nascem, muitos aprendem sobre o desamparo e a desesperança. Então, tornam-se dependentes dessas pessoas e instituições caridosas, que tentam amenizar seu sofrimento. Talvez soe como indiferença e falta de sensibilidade dizer que aqui se aplica o mesmo princípio. Cada um é responsável por aquilo que sente, mas as pessoas não têm a mínima consciência disso. Estão a milhares de quilômetros de distância da compreensão de tais ideias, de tais verdades. Simplesmente, têm necessidade de ali-*

*mentos e de moradia. E a maioria delas os obtém. Porém, sua verdadeira necessidade raramente é satisfeita: o conhecimento e a compreensão. Trata-se do velho princípio do homem e do peixe. O que é melhor: dar peixe ao homem que passa fome ou ensiná-lo a pescar? Enormes quantias de dinheiro e toneladas de alimentos foram enviadas à Etiópia em 1986, mas, a longo prazo, isso não fez nenhuma diferença. Não é ruim nem bom, é simplesmente um fato. Por quê? Porque se deu atenção apenas aos sintomas, e não à causa. A causa é sempre a ignorância, até mesmo da parte daqueles que detêm o assim chamado "poder". Os agentes do poder, os políticos e os chefes das tribos foram a verdadeira causa da falta de alimentos e de moradia. Eles também ignoram a verdade. Também estão sofrendo. Embora tenham mais peixes e moradias confortáveis, sua vida interior é conturbada, ao passo que muitos daqueles que carecem de alimentos e de um teto levam uma vida mais feliz e realizada. Isso não quer dizer que seja bom passar fome e não ter um teto. Só quero afirmar que nem tudo é o que parece ser, e as melhores soluções normalmente não são tão óbvias e precisam ser buscadas em um nível mais profundo e menos visível.*

## A QUINTA reação à ofensa – O esquecimento
### Você deseja esquecer que algo aconteceu

A ideia é interessante. Mas, de novo, isso não é tão fácil. Algumas pessoas parecem ser mais capazes disso do que outras. Porém "parecem" é uma palavra-chave aqui. Pois elas percebem, às vezes anos mais tarde, que simplesmente guardaram todo o ressentimento e a raiva em seu inconsciente, e um dia tudo virá à tona no meio de uma arenga ou talvez na forma de algo ainda mais contundente!

Os animais, sobretudo os de estimação, têm uma enorme habilidade para esquecer. Talvez por terem um profundo apego e dependência dos donos, eles sabem de algum modo que não podem apegar-se a ofensas cometidas por eles. Porém alguns cães e gatos são capazes de lembrar e atribuir suas dores do passado ao dono atual.

Há quem diga que perdoar, em última instância, significa esquecer. Certas ofensas parecem fáceis de ser esquecidas, como quando alguém o desaponta ou faz um comentário sarcástico visando atingi-lo. Algumas ofensas parecem grandes demais para ser esquecidas, como é o caso de uma pessoa que trapaceou no trabalho ou do assassinato de uma pessoa amada. Mas pode ser revolucionária a percepção de que, quando você não esquece, repete o gesto! Digamos que esteja apegado à ilusão de que alguém o ofendeu, e com isso provocou sentimentos negativos em você. Consegue enxergar que isso ocorreu apenas uma vez, mas que você continua repassando a cena na mente centenas, talvez milhares de vezes?

Essa é a verdade sobre a ofensa. Bem, quase verdade! Cada vez que você pensa em algo que o ofendeu, que foi dito ou feito por alguém, está apenas repetindo o evento em sua própria mente. Digamos que pense nisso 99 vezes. A outra pessoa só disse ou fez aquilo uma única vez. Porém você repetiu na mente 99 vezes. Portanto, quem está ofendendo quem? Você é que ofende a si mesmo.

Isso parece insano quando conseguimos percebê-lo. É por esse motivo que podemos olhar para o mundo e concluir que praticamente todos são insanos, ao perceber que as pessoas que se sentem ofendidas simplesmente estão ofendendo a si mesmas, o tempo todo. Trata-se, realmente, de uma ofensa autoprovocada em escala global.

Portanto, pare de se ofender. Abandone suas dores, abandone aquilo que acreditou ser a causa dessas dores, ou seja, as palavras e atitudes de alguém no passado. Perdoe a si mesmo por se apegar e se ofender e prossiga com a vida. Desapegue-se de todas as suas mágoas, pequenas ou grandes. Caso contrário, acabará se matando de dentro para fora.

Em seu longo período de meditação sob a árvore Bodhi, Buda percebeu que a causa fundamental de todo o sofrimento é o apego. Todo sofrimento humano tem origem no apego. Não o apego externo, mas o interno. Quando as pessoas dizem que tudo está na mente, é verdade. Você se apega às imagens que cria e, quando alguém atinge a forma imaginada por você, lhe causa perturbação e sofrimento. Tomemos seu filho como exemplo. Você é muito apegado a ele. Não percebeu ainda que o amor não significa apego. E, quando algo acontece a seu filho e ele expressa a dor, você vê isso como ruim, então se sente mal e aquilo tudo parece estar acontecendo com você. Mas é claro que não está.

Estou usando aqui um exemplo extremo, de modo deliberado. Pois não é tão fácil assim aceitar e dar continuidade à sua vida se seu filho parece ter sido ofendido por alguém. Mas isso é possível, se você quiser. Na verdade, de qualquer modo você terá de fazer isso, afinal. É até provável que seu filho dê prosseguimento à vida dele antes mesmo que você! A postura de desapego não significa que você não se importa. Não significa que você simplesmente vá ficar parado, observando. Significa apenas que não perde o seu senso de identidade em meio à imagem de alguém ou de algo, na tela de sua mente. Assim, não ficará emocionalmente perturbado, não reagirá de forma negativa quando algo acontecer a essa pessoa. Será capaz, então, de permanecer calmo e completamente disposto a ajudá-la a passar por essa experiência. Se você não se apega, será impossível ficar com raiva ou irritado, com medo ou triste. Porém, caso se sinta dependente de qualquer uma dessas emoções, resistirá ao desapego, pois verá isso como uma ameaça às suas drogas. Sim, o desapego é próprio da natureza humana, ainda que muitos defendam a ideia oposta, que o apego é inerente ao homem. É natural não ter apego, pois é impossível ser uma fonte de amor para as outras pessoas se você se apega a algo. E o amor não é apenas sua verdadeira natureza, mas aquilo que você é. Todo e qualquer apego bloqueia o coração e, por isso, impede o fluxo do amor ao mundo. Se você meditar a esse respeito, se ponderar essas coisas, no final perceberá a verdade delas. Buda foi um dos primeiros a se dar conta disso e um dos poucos a viver essa verdade. Em tempo: a prática do desapego não faz de você, de repente, um budista. Não há nada aí parecido com "budista", mas apenas um ser que é desapegado e vive de acordo com os ideais de Buda.

Para piorar as coisas, além de se apegar e se tornar dependente do próprio sofrimento, você começa a identificar-se com a imagem de sofredor e a se definir como tal, como vítima das dores criadas por você mesmo. Daí a imensa quantidade de pessoas no mundo de hoje que se consideram vítimas; e aquelas que não o dizem, provavelmente acham isso. Não existem vítimas, apenas pessoas que estão apegadas a – e equivocadamente identificadas com – uma imagem que é sempre criada na mente por elas mesmas. É assim que nasce o ego. O ego é o inimigo, o único inimigo. Tratarei desse assunto com mais detalhes em meu próximo livro.

Portanto, se você se vir fazendo isso, por que não parar? Por que não abandonar o papel de vítima, parar de reprisar as ofensas criadas por você mesmo e lembrar que ninguém além de você causa suas dores? Somente você, e sempre você. Estou me repetindo aqui? Minhas repetições começam a incomodá-lo? Sente-se um pouco irritado com toda essa repetição? Quem está criando sua irritação? Exatamente. Obrigado!

## Não transforme o passado numa praga!

*Comece a reparar quanto tempo você consome com o passado. Veja com que frequência visita o ontem. Observe quantas vezes se refere a águas há muito passadas. Note como vive no presente, mas em função do passado. Constate o modo como, ao olhar para o futuro, você usa o passado tanto como ponto de referência quanto como matéria-prima para criar o amanhã. Oh, doce passado, você foi maravilhoso, mas já se foi. Adeus, meu passado, adeus, história. Estou completamente no presente, aqui e agora. Só existe o agora. Estou aqui, agora. Eu estou. Eu.*

## A SEXTA reação à ofensa – Viver o carma
Você deseja assumir a responsabilidade por suas ofensas, reconhecendo que é o momento da retribuição e que está tendo sua retribuição

Sim, você tem razão, a expressão "viver o carma" provavelmente não existe! Se existisse, talvez tivesse o significado de *aplicar a compreensão da "lei cármica" para poder entender o que aconteceu a você,* e, ao fazê-lo de modo bem-sucedido, transcender todas as cinco reações descritas anteriormente. A lei do carma é apenas a lei da causa e do efeito, ou, no contexto específico dos relacionamentos humanos, a lei da reciprocidade.

O conceito de carma é simples. Ao emanar algo, você também recebe. Cada um de nós emana coisas o tempo todo. Pensamentos, sentimentos, atitudes são coisas que irradiamos no universo dos relacionamentos a cada momento do dia. E tudo acaba voltando para nós. Esse é o princípio do carma, em seu nível mais simples: plantar e colher, a ação e a reação, o que se planta se colhe.

O carma é a lei da reciprocidade, a inexorável lei do universo. Compreenda e aceite o carma e compreenderá e aceitará que qualquer ofensa, não importa quão grave seja, é simplesmente e sempre o retorno de pensamentos anteriores, de atitudes e ações do passado. Um passado que pode ter ocorrido há apenas alguns minutos. Se irradiar algo de positivo, o positivo voltará para você. Se irradiar algo negativo, ele retornará a você. Em suma, aqueles que coletam as dívidas e os que fazem o acerto destas virão fazer a coleta e o acerto.

Para muitos, essa ideia é simples demais e implausível. É o seu caso? Tudo o que posso dizer é que você ainda não explorou esse princípio que faz o mundo girar em todos os níveis, em todos os lugares e em todas as circunstâncias. Não é de surpreender que não tenha sido amplamente compreendido, porque ele simplesmente não faz parte da educação formal que recebemos. Talvez você ainda não esteja pronto para enxergar e assumir a responsabilidade por seus sentimentos, em particular, e por suas ações, de modo geral. Talvez saiba, intuitivamente, as consequências daquilo que pensa e faz, e essas consequências são dolorosas demais para ser admitidas. Talvez esteja fora de seu alcance a aceitação de que qualquer acontecimento pequeno representa tanto um efeito quanto uma causa, são peças de dominó sendo derrubadas, uma após a outra. Se conseguir enxergar e aceitar a exatidão dessa lei do movimento humano, ao bater a cabeça no painel do carro numa freada brusca, no trânsito, você perceberá que a dor que resulta disso é o retorno do carma. Em algum momento do passado, você colocou em ação uma sequência de eventos que agora provocam o acidente. Veja isso, aceite isso, e nunca mais culpará ninguém nem qualquer coisa. Você também se tornará muito mais consciente da qualidade de seus pensamentos e terá um discernimento muito maior quanto à natureza de suas ações.

Talvez toda essa "teoria do carma" o leve a ter mais dúvidas do que respostas. Se esse for o caso, envie-me suas perguntas e conversaremos. Talvez você se sinta preso ao velho hábito de resmungar, choramingar e reclamar dos outros, do clima, da vida. Esse é um de seus velhos discos, que você continua colocando para tocar. Pare de ouvir o disco intitulado "A vida é ruim" e comece a gravar um novo chamado "A vida é boa, excelente, fantástica". E assim ela será. Comece a irradiar essa energia positiva e passará a se sentir exatamente dessa forma. Como brinde, é isso que começará a atrair. Basta que faça tudo com o coração. É simples assim.

Se não estiver disposto a buscar em você as provas dos padrões cármicos, assista ao noticiário e verá o carma desempenhando seu papel. Os palestinos e os israelenses, os britânicos e os irlandeses, o Rangers e o Celtic, a Coca-Cola e a Pepsi, os muçulmanos e os cristãos. É claro que todas essas identidades são falsas. É aqui que o carma tem início. Ele começa com a criação de uma falsa identidade e o apego a ela. Na realidade, não existem as definições de irlandês, britânico, muçulmano, judeu etc. Esses não passam de rótulos. Mas, enquanto os seres humanos estivem condicionados à identificação com um rótulo, sempre olharão para os outros como rótulos e agirão baseados no medo, o que levará à violência e, com isso, a padrões cármicos que as duas partes conspiram para criar, em parceria. Ocasionalmente, o carma talvez esmoreça, mas continuará a surgir e a se expandir com o tempo, até que uma das partes desperte e se dê conta de que ainda não enxergou a verdade de quem realmente é e comece a considerar seu semelhante não como uma ameaça, mas como alguém que simplesmente tem um conjunto de crenças diferente. E as crenças não correspondem à verdade.

Essa é a lição elementar do carma. E aqui está a lição de estágio avançado. Seu carma é um registro de todas as suas ações do passado, um registro mantido, sobretudo, no subconsciente, fora do domínio da consciência do cotidiano. Em um nível mais profundo, esse registro inclui as crenças. Se você aprendeu a acreditar que as palavras e as ações alheias podem afetar seus sentimentos, criará o seu carma (seu registro de ações) em consonância com isso. O hábito de reagir será incorporado à sua personalidade. Você fará de si mesmo uma pessoa reativa. Remeterá "encomendas" visíveis e invisíveis de energia às pessoas que, segundo você, lhe causaram ofensa. Tais encomendas não contêm energia positiva e em pouco tempo retornarão a você. Mas essa é uma questão secundária.

Antes de começar a enviar esses pacotes pequenos e desagradáveis, você os cria e então sente a presença deles. Consequentemente, está, de fato, ferindo a si mesmo com sua própria criação. Dentro de pouco tempo, isso se torna um hábito e, como resultado, uma característica permanente da personalidade. Isso é uma idiotice, não? Em outros termos, quando você sente raiva de alguém, quem é que sofre mais do que ninguém? Esse é o carma instantâneo. Assim, cada vez que você encontrar a pessoa que, segundo sua visão equivocada, foi a causa de sua ofensa, tocará novamente o disco da raiva e sofrerá outra vez, fortalecendo assim a ilusão de que é ela, e não você, a responsável por sua infelicidade. Se você mantiver esses padrões de reação, seu carma se expandirá, produzindo um "efeito cascata" em seus relacionamentos, mas também arruinará sua capacidade consciente de permanecer calmo, em paz, lúcido e com uma postura positiva a cada vez que for dialogar com essa pessoa. Com o tempo, isso afetará sua comunicação com qualquer um que o fizer lembrar dessa pessoa. Com o tempo, arruinará sua capacidade de comunicar-se com todos. A menos que assuma o carma, a menos que elimine a ilusão na qual se baseava a ação original – ou seja, percebendo e aceitando que não foi essa pessoa que causou o sofrimento e a raiva –, você estará arruinado mental e emocionalmente pelo resto da vida.

Consideremos outro exemplo. Digamos que você se preocupa muito. Com isso, criou outro disco, um modelo de preocupação em um nível mental e emocional. Pouco tempo depois de inserir esse disco na consciência, você começa a "ser tocado" por ele. Isso se transforma em hábito. Você chegará até a se identificar com ele e a dizer, às vezes: "Eu me preocupo tanto!". Passará a justificar essa preocupação com a crença comum de que é bom ter preocupações. Talvez pense: "Preocupo-me com razão, pois isso demonstra que eu cuido [das pessoas, das coisas]". O que certamente é uma verdadeira tolice, pois a preocupação consiste no medo, e o cuidado consiste no amor. E os dois são completamente opostos.

Porém, continuemos. O seu "carma de preocupações" está agora registrado e fixo em sua consciência. Ele é desencadeado por qualquer coisa que evoque uma memória negativa do passado. A preocupação consiste, de fato, em um passado percebido negativamente, reembalado e projetado no futuro. Isso significa, mais uma vez, que você está sofrendo e que provavelmente tem a ilusão de que aprecia tal sofrimento, sobretudo quando se reúne com os colegas no "grupo das preocupações", na hora do intervalo do café, pela manhã. Significa também que você não está vivendo o agora. Está deixando de viver a vida quando se envolve com as preocupações, que estão sempre no passado e no futuro. O hábito de preocupar-se o aprisionou no passado, de onde você retira a matéria-prima para as preocupações, e em um futuro não existente, no qual projeta todo esse material. O resultado é que você não vive agora. Nada disso mudará se não decidir mudar os hábitos relacionados à preocupação, gravados em sua consciência. Isso requer que elimine a ilusão de que se preocupar é bom e necessário e que se tenha em mente que a preocupação com qualquer coisa não passa de uma "catástrofe fantasiada". Um desperdício de tempo e de energia. É preciso substituir o desejo de criar imagens de energia catastróficas por reações positivas àquilo que ocorre em sua vida neste exato momento. Caso contrário, seu "carma de preocupações" o manterá em um estado de dores permanentes.

## Lembrete aos céticos

*Se você não acredita na lei da reciprocidade, procure as provas da existência dela em sua vida. Quando alguém lhe faz um favor, repare como você se sente compelido a fazer o mesmo por essa pessoa ou por outros. Se ao chegar ao escritório você sorri para todos, observe como eles sorriem de volta, ainda que mostrem alguma relutância. Aqueles que a princípio não sorriem farão isso um dia, se você mantiver sua estratégia – é como se eles fossem obrigados a fazê-lo. Dê dinheiro a instituições de caridade e observe como o dinheiro retorna a você, dos lugares mais improváveis. Tudo isso tem a ver com a energia e o seu fluxo, seus movimentos, seu "efeito cascata", com o reflexo dela. Por quê? Porque tudo é energia. O carma é a ação, e a ação é a energia em movimento! Em todos os níveis. É realmente simples!*

## A SÉTIMA reação à ofensa – A iluminação

Você deseja enxergar, conhecer e viver a verdade absoluta em relação à ofensa e ao perdão

Está sentado confortavelmente? É possível que você adore o que vou dizer, odeie ou simplesmente não compreenda. Reserve um instante para estar em paz com sua mente. Lembre-se de que a paz é a sua natureza e de que você tem maior concentração de poder e fica mais receptivo quando está em seu "estado natural". Agora, leia lentamente o seguinte:

Ninguém, jamais, jamais, jamais pode ofender você. É sempre você que ofende a si mesmo... ou parece fazê-lo! Em última instância, não é nem capaz de se ferir, mas apenas de perturbar uma ilusão que, por um equívoco, associa a você mesmo.

Para poder enxergar isso, terá de estar ciente do que está fazendo dentro de sua consciência. Para poder enxergar e compreender essa verdade absoluta, terá de reconhecer quem você verdadeiramente é – espírito, e não forma; alma, e não corpo. Somente então poderá parar de se irritar quando alguém criticar (atacar) sua forma física, suas características, suas roupas ou sua personalidade. Somente então será capaz de perceber que, embora alguém possa atingir seu corpo com golpes, socos ou uma faca, a dor que sente não passa de um sinal do corpo, e, como você não é seu corpo, poderá optar por não sentir a dor. Não é uma escolha fácil de fazer, mas pode ser feita (não estou recomendando que você deliberadamente procure maneiras de testar o que estou dizendo).

Para poder enxergar a verdade, terá também de parar de identificar-se com seus pensamentos e sentimentos, com suas crenças e percepções. Eles não são o que você é, não passam de criação sua.

Portanto, façamos uma pausa aqui para esclarecer o que já foi dito.

Existem dois tipos de ofensa: a ofensa física e a não física. Consideremos, primeiramente, a ofensa física.

### *A ofensa física*

Todos nós já ouvimos falar da barreira contra a dor. Os atletas passam por isso durante seus treinos e quando participam de eventos que demandam resistência. Na verdade, todos são capazes de criar tal barreira. Em certas partes do mundo, médicos realizam cirurgias sérias, e até amputações, sem anestesia, e você não sente nada. Tudo o que deve fazer é colocar a língua no céu da boca! Os acupunturistas são capazes de desviar a sensação de dor para longe do cérebro. Você mesmo chega a fazê-lo, em estado de semiconsciência, quando fica tão absorto com a programação da TV que se esquece da dor de dente que está sentindo. Tudo isso mostra (embora não prove) que há, de um lado, o corpo com seus cinco sentidos que enviam sinais ao cérebro e, de outro, você, o operador do cérebro e, portanto, o chefe. Dessa maneira, com um pouco de treino, é possível ir além da sensação de dor física. É possível ignorar qualquer sensação de desconforto físico. A palavra-chave aqui é treino. Transcender a dor física é mais uma dessas coisas que nunca aprendemos a fazer. Os praticantes de ioga, os atletas e os David Blaine deste mundo realmente aprendem, e praticam isso em público, alguns com um resultado melhor do que outros. Meu argumento é: embora seja importante sentir dor, você não precisa estimular esse sentimento. Pode aprender a ir além dele. Mas é vital, primeiro, reconhecer sua existência e responder à mensagem que ele representa, da maneira correta. E isso pode variar de um band-aid a um tratamento médico.

O hábito que desenvolvemos com maior frequência é o de estimular a dor e identificar-se com ela. Você repassa na mente as imagens da situação que aparentemente lhe causou a dor. Atribui a dor à pedra em que tropeçou ou à faca que estava na mão de alguém e da qual você se aproximou, ferindo-se! Na realidade, nem a pedra nem a faca feriram VOCÊ, elas feriram seu corpo, arranharam a forma material que você anima e habita, mas não são capazes de tocar VOCÊ.

Portanto, digamos que alguém, de fato, esfaqueie seu corpo ou lhe atire um tijolo na cabeça. Qual será sua reação? Como lidará com isso, de modo a não ficar culpando ou mesmo odiando a pessoa que fez isso? Há duas maneiras. Primeiro, pode usar a filosofia do "as coisas acontecem", como muitas pessoas fazem: tratar dos ferimentos físicos adequadamente, deixar a lembrança do acidente para trás e prosseguir com a vida. Isso não é fácil se você tiver perdido um dos membros do corpo ou se um dos sentidos tiver sido afetado. Qual é a alternativa, então? Continuar acrescentando a dor emocional à dor física, muito tempo depois do acontecimento propriamente dito.

A segunda estratégia é um pouco mais profunda. Ela começa quando se percebe que não há acidentes ou acontecimentos aleatórios na vida. Tudo tem uma causa e um motivo, seja qual for. Talvez algo tenha ocorrido para lhe dar um chacoalhão e tirá-lo de uma vida confortável, levada no piloto automático. Talvez haja uma lição a ser aprendida. Talvez você tivesse de passar por um teste. E então existe a causa. Muitas pessoas percebem, intuitivamente, padrões cármicos em sua vida e reconhecem plenamente que tudo o que lhes acontece foi colocado em movimento em algum momento do passado, por meio de uma série de ações. Essa compreensão, como já vimos, lhes permite assumir a responsabilidade pelas experiências vividas, o que implica ter controle sobre as situações, não criar raiva ou ressentimentos, não se identificar com o papel de vítima e continuar com a vida. Você poderia até mesmo dizer que o cobrador universal acaba de lhe bater à porta e você conseguiu saldar uma dívida pendente. Parte do fardo de seus carmas passados lhe foi tirada das costas.

### A ofensa mental e emocional

Consideremos agora o outro tipo de ofensa que "parece" ter sido causado pelos outros, mas não foi, ou seja, a ofensa mental e emocional (isto é, se você ainda está lendo e não atirou o livro pela janela).

Existem as ofensas diretas, que "parecem" ter sido dirigidas a você. E há as indiretas, em que você se sente ofendido porque outra pessoa aparentemente foi ofendida e você se identifica com a dor dela. Talvez até mesmo diga: "Sei o que você está sentindo", para fazer com que o outro se sinta melhor. À luz da verdade, a primeira reação é ridícula, e a segunda, quase risível, não fosse o fato de estarmos adormecidos, na ilusão de que só é correto sofrer quando os outros sofrem.

## Ofensas diretas

Suponhamos que você me chame de estúpido, faça insultos ao meu trabalho, critique minhas atitudes, questione minhas motivações, me chame de mentiroso ou me culpe por algo que não fiz. É claro que você vai achar que eu me sentirei ofendido. Talvez até diga que é natural que eu me sinta ofendido. Provavelmente teve a intenção de me ofender com suas palavras. O mundo todo entenderia minha defesa irada como algo justificado. Mas espere um pouco. Tenho como escolher. Posso optar por não me sentir ofendido com suas palavras, com sua atitude. Posso decidir não reagir. Posso dizer: "Você acha que sou estúpido, mas não me considero estúpido". Posso dizer: "Sim, isso que fiz e disse pode ter sido uma idiotice, mas não faz de mim uma pessoa estúpida". Ou ainda: "Você pode me chamar de mentiroso e questionar minhas motivações, mas sei que não sou mentiroso e que tive boas intenções". Fazer essas escolhas requer energia e presença de espírito. Pode demandar um pouco de prática. Mas é possível. Todos nós conhecemos alguém que aparentemente nunca se ofende nem reage e para quem tais comentários são indiferentes. O que demonstra que isso é possível. Ao fazer esse tipo de escolha, você também prova que nunca é a outra pessoa que o ofende, é sempre você. Agora, expanda essa verdade um pouco mais: isso significa que, na verdade, ninguém ofende ninguém, jamais. Portanto, não há necessidade de perdão. Hum... não está convencido, está?

Vamos continuar nosso caminho, mas desta vez lhe direi coisas um pouco desagradáveis. Quero que você tenha consciência do que está fazendo com elas na mente. Eu o chamo de estúpido. Você se ofende. Por quê? Porque mentalmente você se vê como "uma pessoa que não é estúpida". Na verdade, está tão apegado a essa imagem sua que ela se transformou em sua identidade. Por isso, meu julgamento, na forma de palavras, o atinge, e você o carrega para a consciência. Como essas palavras contradizem a sua imagem constituída – à qual tem apego e com a qual se identifica –, você fica emocionalmente perturbado. Começa a defender-se, a defender sua própria imagem contra uma ameaça que julga existir em minhas palavras. Na linha de frente de sua defesa está a raiva. Isso se chama ego. Você sente dor, mas não por causa dos "símbolos em forma de palavras" que lancei em sua direção, e sim devido ao que você faz com eles na mente. Se não tivesse apego à imagem de Senhor ou Senhora Inteligente ou Brilhante, ser chamado de estúpido não lhe traria nenhum incômodo. Você simplesmente discordaria. Na verdade, responderia com a perfeita sabedoria do *self*, dizendo: "Sim, às vezes faço coisas que não são sensatas, mas não sou estúpido". O resultado? Nenhuma perturbação mental, nenhuma dor, nenhuma ofensa.

Um dos segredos, aqui, é ter em mente que você não é a sua personalidade, não equivale às suas atitudes, palavras nem a seus pensamentos. Essas são criações suas, mas não são você. Você é o criador. Portanto, quando alguém julga ou denigre qualquer uma dessas criações, não tome isso pessoalmente. Se tomar como pessoal, indica que ficou ofendido por causa do apego e da identificação com essas coisas (pensamentos, sentimentos e personalidade). Foi seu apego que provocou a dor. Quando conseguir enxergar e aceitar isso, perceberá verdadeiramente que é o criador de TODAS as suas ofensas... sempre, não importa a situação ou o acontecimento. Então, a única pessoa que deve perdoar é você mesmo. Sempre, apenas você mesmo. Por quê? Porque você estava simplesmente adormecido para a verdade que representa – um ser que não pode perecer, que não pode ser afetado, que não pode ser ofendido.

Um tanto quanto desafiador, não? Por quê? Porque somos todos condicionados a acreditar no contrário. É por isso que assistimos às telenovelas e vamos ao cinema. É por isso que certas pessoas estão sempre em busca de uma discussão ou briga. Assim, podem culpar o outro por aquilo que sentem e justificar a dor que é projetada nele.

Portanto, a verdade é essa. É sempre e somente você. Mas mesmo isso não passa de ilusão. Se ainda continua com o livro, pode ser uma boa ideia reler, contemplar, meditar e ponderar sobre os últimos parágrafos. Garanto que, quando a ficha cair, sua vida mudará para sempre. Esse é o poder da verdade. Uma vez que você a aprende, tudo o que tem a fazer é praticá-la na vida real. Mas não terminamos ainda. Resta um nível a atingir.

### A maior de todas as ilusões

Outra maneira de enxergar isso é perceber que você não foi ofendido, mas seu ego foi perturbado. O seu *self* essencial" não foi ofendido, mas o ego foi a causa da perturbação. Como já vimos (você viu?), trata-se do ego quando você cria uma imagem na tela mental (você não é a sua mente, mas tem uma mente) e então se apega a essa imagem a tal ponto que se perde no meio dela. Ela se transforma em sua identidade. Quando alguém ataca essa imagem, a impressão é que você está sendo atacado. A pessoa pode até mesmo achar que está atacando você, mas isso não é verdade. Está atacando uma ilusão. Pois você não é uma imagem de sua mente, você é você mesmo. Um ser que não pode ser tocado ou perturbado, que é uma fonte de constante paz, amor e alegria. Mas quando perde a conexão, quando perde a consciência de quem realmente é, e se identifica com a imagem que criou na mente, qualquer coisa que desafie essa imagem será tomada como algo pessoal. A paz, o amor e a alegria desaparecem por um instante e você sente uma perturbação na mente chamada emoção! A emoção nada mais é do que uma agitação da mente, e, como você se identificou com o que está na mente, "sente" essa agitação e acha que isso está acontecendo com você por causa do que "eles" disseram ou fizeram.

Na verdade, a pessoa que está promovendo o ataque, o julgamento ou o insulto também é motivada pela dor que sente. Ela tem uma imagem de como gostaria que você fosse, de como gostaria que você agisse. Tem apego a essa imagem e se identifica com ela; e, quando você não age de acordo, ela fica irritada e ofendida. Mas a crença dela é que você a fez sentir-se daquele modo. Assim, ela o agride como uma forma de vingança. Com efeito, está promovendo o ataque a uma dupla ilusão. Simples, não? Bem, é complicado até que você o torne simples. E somente você pode fazer isso.

Uma outra maneira de dizer o mesmo é: você só se ofende quando tenta ofender alguém. Então, a ofensa é dupla, pois, enquanto pratica a ofensa, bem no fundo, no âmago de seu consciente, lugar em que sempre conhece a verdade, é como se soubesse inconscientemente que está agindo de modo contrário à verdade de que você não pode ser tocado nem ferido. É por isso que, depois de uma explosão emocional dirigida a alguém, quando você se acalma, há sempre uma pequena voz expressando o arrependimento. É a voz da consciência, tentando lhe dizer que você simplesmente agiu contra a verdade. Simplesmente agiu contra seus princípios, por assim dizer. Então, feriu a si mesmo por ter cometido um erro. Sutil, não? É por isso que, tão logo perceber que cometeu um erro ao agir contrariamente à verdade, é muito importante se perdoar logo e não continuar se culpando pelo erro. Afinal de contas, o erro foi apenas esquecer momentaneamente quem e o que você é e agir baseado nessa ignorância.

Portanto, em última instância, ninguém jamais ofende ninguém, somos nós que ferimos a nós próprios, mas não a nosso *self* verdadeiro, que nunca pode ser ferido, não importa o que aconteça. Apenas a falsa percepção do *self*, o ego, pode ser perturbada. O que pode ser perturbado é a falsa percepção do *self*, não o verdadeiro *self*. Fácil, não? Alguma pergunta? Estou certo de que você tem muitas. Talvez o que foi exposto até agora não esteja claro, talvez seja até mesmo "perturbador", especialmente se for a primeira vez que você depara com essas ideias. Tente não contestá-las, não desprezá-las de imediato, mas olhe-as, reflita e as contemple. Formule uma pergunta específica baseada numa situação da vida real e veja se é capaz de respondê-la usando os *insights* que aprendeu.

Foi ótimo ter conversado com você! Provavelmente notou que tendo a escrever do jeito que falo. Espero que tenha conseguido seguir minha linha de raciocínio e que meu estilo o tenha conduzido a uma compreensão maior. Espero também poder encontrá-lo ao vivo algum dia, talvez em uma palestra ou retiro. Então poderá partilhar comigo aspectos fascinantes da estrada que todos estamos percorrendo, a viagem de volta para casa. Você percebe que está voltando para casa, não? A casa, para todos aqueles que perambulam na selva de ilusões, é simplesmente a verdade.

## O pedido de desculpas de uma pessoa esclarecida

Portanto, aí está. Ninguém faz com que você sinta raiva... jamais! Verdadeiro ou falso? Se isso agora for verdadeiro para você, o oposto também deve ser verdade: você nunca será capaz de fazer com que alguém sinta raiva. Jamais poderá fazer alguém sofrer. Se tiver seguido a trilha de *insights* ao longo do livro, chegará a essa conclusão lógica. No entanto, para poder chegar de fato a essa conclusão, de modo convicto, você terá de olhar para ela do ponto de vista mais espiritual (ver p. 14). Como vimos, esse nível de consciência não é fácil de ser alcançado na realidade cotidiana, na qual a maior parte das coisas é irreal! Terá de ir além da compreensão psicológica e na direção da verdade espiritual, para poder enxergar e transcender a ilusão de que algo FORA de você tem o poder de afetá-lo. Daí a necessidade da prática regular da meditação.

Consideremos mais uma vez as ramificações desse *insight*. Digamos que você comece a pensar: "Hum... ótimo, então agora posso dizer e fazer o que quiser para os outros; se isso criar um problema para eles, é problema deles, e não meu". Esse raciocínio é a porta de entrada para a arrogância e para uma vida infeliz. Se decidir viver segundo essa filosofia, muito em breve as pessoas passarão a emanar grande quantidade de energia negativa em sua direção. Muito em breve, elas passarão a evitá-lo, a deixá-lo isolado. Mas o mais importante e mais profundo é que, embora você tenha percebido que é responsável por seus sentimentos, talvez não tenha captado por completo que, se violar essa lei, ou seja, se criar qualquer forma de energia violenta ou negativa, você é quem sofrerá mais do que ninguém, a cada vez que o fizer. Estará dando tiros no próprio pé, no plano mental e no espiritual. Muito em breve, mal poderá caminhar no mundo dos relacionamentos humanos. Não apenas por causa da natureza da energia que os outros irradiarão na sua direção, mas devido ao que provocou para você mesmo. O seu carma (sua ação) criará uma resposta instantânea na consciência.

Se, em última análise, a verdade é que você jamais provoca ofensas ou dor nos outros, isso significa que nunca terá de pedir perdão? Bem, sim e não! Você pode tomar isso ao pé da letra, por assim dizer, e jamais pedir desculpas a alguém por qualquer coisa que tenha dito ou feito. Algumas pessoas agem assim. Mas isso em geral acontece porque elas são totalmente insensíveis aos sentimentos alheios ou não aprenderam ainda a se preocupar realmente com os outros; ou então apenas têm medo de admitir que fizeram algo errado. Isso revela que continuam adormecidas em meio à própria ignorância e, por esse motivo, ainda estão sofrendo.

Se alguém sofre com o que você disse ou pelo modo como agiu, trata-se menos de uma questão de pedir ou não desculpas e mais de uma questão de "níveis de 'iluminação'". Se você sabe que a outra pessoa ainda acredita que sua ofensa foi provocada por alguém além dela mesma, e se inadvertidamente disser ou fizer algo que a irrite, pedir desculpas será, então, totalmente apropriado, além de ser um modo de preservar o relacionamento. No entanto, tenha cuidado com duas coisas. Primeiro, procure, ao pedir desculpas, não estimular a pessoa a reagir a qualquer coisa que você diga ou faça. Se ela perceber que você foi afetado pela reação dela, poderá começar a reagir para ver se você mostra alguma reação. O ditado "Quem não chora não mama" me vem à mente aqui. Mesmo as pessoas mais maduras, responsáveis e sensatas podem reproduzir esse velho modelo. Em segundo lugar, se pedir desculpas, certifique-se de que não está criando uma dor verdadeira em você mesmo. Se for esse o caso, tudo o que está fazendo é enfraquecer a si próprio. Pedir desculpas em situações como essa significa, de fato: "Percebo que você ainda não se deu conta de que o seu sofrimento é criação sua, e não minha". É claro que você não pode dizer isso. Soaria como condescendência, e a outra pessoa provavelmente começaria a se perguntar de que planeta você veio!

Se você sabe que o outro é esclarecido no que diz respeito à autorresponsabilidade, mas às vezes ainda reage culpando os outros (e também a você) por sua irritação, pedir desculpas é uma atitude ridícula para ambas as partes. É melhor dizer algo como: "Você percebe que está fazendo o papel de vítima e projetando as dores que você mesmo criou, de novo?".

É claro que há várias maneiras de dizer isso. Ao fazê-lo, estará contribuindo para despertar essa pessoa do estado adormecido que a mantém na velha ilusão de que "os outros fazem com que eu me sinta assim". E, se forem bons amigos, sua expectativa será que ela aja de modo semelhante com você, caso também caia nesse estado de adormecimento.

Pensar "Por que devo pedir desculpas? Sou esclarecido em relação a essas coisas" revela uma arrogância do ego e indica que você ainda está dormindo. Porém, se realmente está sofrendo no momento em que pede desculpas, tenha certeza de que é uma tentativa de ferir você mesmo. Trata-se, mais uma vez, do ego. Se continuar com essa prática (é o que algumas pessoas fazem), isso se transformará em raiva dirigida a você mesmo e então em culpa. No final, começará a julgar e a criticar os outros, à medida que projeta sua raiva para evitar a culpa. E assim continuará o círculo vicioso.

O pedido de desculpas mais esclarecido será feito a você mesmo, quando perceber que o que está tentando é se ferir. Essa prática, com o tempo, torna-se um hábito, é uma tendência assimilada, enredada em sua personalidade. Se continuar a cometer esse erro, tão logo adquira consciência dele, peça desculpas, perdoe-se e tenha compaixão de você mesmo, lembre-se do que é a verdade e prossiga com sua vida. À medida que esse hábito for atrofiando, você sentirá a verdadeira natureza amorosa emergir de seu coração espiritual, que se tornou insensível pelo sofrimento criado por você mesmo. E esse sofrimento agora foi aliviado e curado com a restauração da verdade.

Por fim, há aquele que pede desculpas mas está sempre buscando o perdão alheio. Aqui, a estrada se bifurca novamente.

## POR QUE O PERDÃO SEMPRE CURA

Um dos caminhos é o da verdadeira contrição por ter dito ou feito algo que contraria os princípios da lei do amor, segundo a qual o amor é sinônimo de união e de conexão. Como vimos anteriormente, julgar, criticar, tentar controlar ou culpar os outros são tentativas de "rompimento do amor" e criam a separação. Assim que tomar consciência do que está fazendo, simplesmente perdoe a si mesmo corrigindo o erro e lembre-se de que o amor é a sua verdadeira natureza e a verdadeira natureza de todas as pessoas. Se o outro se irritou, isso mostra que ele também está agindo contra a natureza do amor. Está cometendo um erro semelhante. Desconectou-se da verdade que tem dentro de si, de que "ninguém é responsável por aquilo que penso e sinto, o amor é aquilo que eu sou". Essa pessoa pode dizer que perdoa, mas é improvável que seja capaz de esquecer, o que significa que ainda não perdoou, realmente. No entanto, talvez não tenha ciência disso.

No segundo caminho está a pessoa que pediu desculpas e aprendeu que só poderá sentir o amor quando obtiver a atenção, a aceitação e a aprovação dos outros. Sua busca e necessidade são compulsivas. Ela talvez fale e aja, consciente ou inconscientemente, de um modo que atraia atenção. Com frequência, relaciona-se com pessoas que ficam facilmente ofendidas ou são afetadas por coisas pequenas. Seu mantra na vida é: "Desculpe!", o que, decodificado, significa: "Estou aqui, por favor, reconheça que existo, me dê atenção e me aceite", o que, decodificado, significa: "Por favor, me dê o seu amor". Essa necessidade toda só pode ser curada quando a pessoa fizer algum trabalho espiritual e se der conta de que já possui em si aquilo que, consciente ou inconscientemente, busca nos outros.

Resumindo: peça "desculpas" só até o momento em que a pessoa perceber que é ela que cria o próprio sofrimento. Jamais crie sofrimento para você ao pedir desculpas. Desafie os outros a despertar para a verdade de ter autorresponsabilidade na vida, levando em conta até que ponto eles estão prontos para esse despertar. Não há necessidade de buscar o perdão dos outros se você sabe que eles têm ciência de que só ofendem a si próprios. Você só pode, sempre, perdoar a si mesmo. O nível mais profundo de perdão está na percepção da verdade de que VOCÊ não pode ser ofendido. A verdade é aquilo que jamais se altera. E a verdade é que você é paz, você é amor e, embora possa perder a consciência dessa verdade, nada poderá ferir essa verdade. Só é possível ser realmente alimentado pelo amor quando não se carece do amor que provém de outras pessoas. Somente então você será capaz de recebê-lo!

# EM RESUMO

**Raiva**
É uma perturbação da energia de sua consciência, criada por você mesmo, quando um desejo qualquer não é satisfeito, quando você acredita que foi ofendido por alguém ou quando acha que perdeu algo que nunca foi seu – coisas que não correspondem ao que você realmente é.

**Paz**
Seu núcleo central, o ser espiritual. O que nunca pode ser perdido nem tirado de você, embora perca a consciência de que a tem. É a base fundamental de seu ser e também o seu poder.

**Perdão**
É aquilo que você talvez acredite que deve praticar quando acha que alguém o ofendeu ou o que espera obter dos outros quando acredita que os ofendeu. É uma demonstração do amor que é você. Amor que, em última instância, não tem necessidade de agir dessa forma, no momento em que a verdade de que ninguém é capaz de ofendê-lo, ninguém pode tocá-lo, é reincorporada à sua consciência.

Na verdade, o único perdão "verdadeiro" é a percepção de que o amor é o que você é, e o amor nunca é capaz de causar ofensa. O amor significa perdão, significa doação. Se você esquecer essa verdade, sua vida passará a ser vivida em função de "obter". É nesse momento que nasce a ilusão das ofensas. A paz é. O amor faz. A verdade guia. A felicidade traz recompensas.

# AGRADECIMENTOS E LINKS

Obrigado a todos do Global Retreat Centre pelo espaço silencioso que permite que se "veja" no lugar mais poderoso em que se pode "estar".
**www.globalretreatcentre.com**

Agradeço ao Reed Learning pela oportunidade de "passar adiante".
**www.reed.co.uk/learning**

Obrigado ao Bliss pelo tipo de música que faz relaxar o coração e a alma, levando-nos a momentos ocasionais de "eureca!".
**www.blissfulmusic.com**

Agradeço a Marneta por nos ter mostrado como atingir o coração das crianças do planeta.
**www.relaxkids.com**

Meu agradecimento à Brahma Kumaris World Spiritual University, onde qualquer pessoa pode frequentar cursos gratuitos sobre meditação em milhares de centros espalhados por 90 países.
**www.bkwsu.org**

Meu obrigado e meu infinito amor aos meus irmãos e irmãs por seu apoio sutil e sempre presente.

Para obter mais *insights* e saber mais sobre workshops, retiros, seminários, palestras, artigos e meditação, visite os sites:
**www.relax7.com**
**www.SpiritualIntelligenceUnit.com**
**www.awarenessretreats.com**
**www.learn-meditation.com**

# SOBRE O AUTOR

Atuando em Cotswolds e em Londres, Mike George é um autor de sucesso, guia espiritual e tutor na área de administração.

Com uma mistura singular de *insights*, sabedoria e humor, Mike reúne as três principais tendências do século XXI: a inteligência emocional e espiritual, o desenvolvimento de gestão e liderança e a aprendizagem contínua. Seus cursos na área de liderança, ministrados nos retiros de Cotswolds, e seus cursos intensivos com duração de um dia ministrados em Londres acontecem mensalmente e incluem temas como: Despertando a liderança; O elo que falta no Desenvolvimento de Gestão; O uso da inteligência espiritual; A inteligência emocional; e A resolução de conflitos.

Professor de meditação e de desenvolvimento espiritual há mais de vinte anos, Mike é orientador e consultor de pessoas comuns, executivos e pequenos grupos de administradores em mais de trinta países, ensinando a arte na prática da meditação.

É o fundador do The Relaxation Centre (www.relax7.com) e diretor da Unidade de Inteligência Espiritual (www.SpiritualIntelligenceUnit.com). Promove anualmente retiros espirituais sobre a consciência e a "iluminação" em todo o mundo: África, Alemanha, Austrália, Argentina, Brasil, Chile, Croácia, Escandinávia, Espanha, Itália, México e em toda a Grã-Bretanha e nos Estados Unidos (www.awarenessretreats.com).

Entre suas obras, disponíveis em quinze línguas, encontram-se: *The 7 AHAs of Highly Enlightened Souls; The Secrets of Self Management; Learn to Relax; Learn to Find Inner Peace; In the Light of Meditation – A Guide to Spiritual Development; 1001 Meditations*.

Para contatos com Mike, escreva para mike@relax7.com. Para obter a programação de seus seminários e palestras, acesse www.relax7.com/diary.

Se desejar fazer a assinatura (gratuita) do periódico semanal on-line *Clear Thinking*, envie sua solicitação para mike@relax7.com.

**impressão acabamento**
rua 1822 nº 341
04216-000 são paulo sp
**T** 55 11 3385 8500
**F** 55 11 2063 4275
www.loyola.com.br